国際会計論
International Accounting

森川 八洲男 [著]
Yasuo Morikawa

東京 白桃書房 神田

まえがき

　本書は，近年，「多国籍企業」(multinational enterprise) の展開を背景にして，急速に発展をとげてきた新しい企業会計の領域として注目される，「国際会計」(international accounting) とは何かについて説明したテキストである。

　国際会計研究の主要な課題の1つとして指摘されるのは，各国（特に主要国）の企業会計制度の比較研究であり，いま1つの主要な研究課題としては，会計基準ないし会計慣行の国際的収斂（convergence）（コンバージェンス）：（共通化）を挙げることができる。

　このような見地から，本書は，まず主要国（日本，イギリス，アメリカ，ドイツ，フランス，さらにはEUなど）の企業会計制度の比較検討を試みている。こうした比較検討を通して，これらの諸国の制度間にはかなりの相違があることが明らかにされる。

　こうした各国の企業会計制度にみられる多様性は，各国の制度がそれを取り巻く環境的要因に影響されて発展をとげてきたことに由来する。その主要な要因として，(1)法制度――「成文法システム」か，「コモンロー・システム」か，(2)資金調達方式として直接金融方式か，間接金融方式か，(3)会計目的として，投資家保護のための適正な情報開示目的か，債権者保護のための保守主義的経理か，さらには，(4)課税所得計算の方法として確定決算主義か，税務申告主義か，が挙げられる。

　各国の企業会計制度は，こうした環境的要因の及ぼす影響とのかかわりから，「大陸型会計」（「フランコ・ジャーマン型会計」）と「英米型会計」（「アングロ・サクソン型会計」）という2つの系譜に類型化することができる。

　次に，国際会計研究のいま1つの主要な研究課題である会計基準ないし会計慣行の国際的収斂（コンバージェンス）について説明する。周知のように，会計基準の国際的調和化の試みは，1973年に設立された国際会計基準委員会（IASC）による「国際会計基準」（IAS）の設定およびそれを継承する国際会計基準審議会（IASB）による「国際財務報告基準」（IFRS）の設定という

形をとって行われてきた。IAS/IFRSは，各国の会計基準の間に存在する相違を可能な限り相互に調整し，国際的に比較可能な財務諸表の作成に役立つ会計基準を形成することを目的としたものである。

近年，IAS/IFRSが情報開示の視点から高品質のグローバル・スタンダードとしての地位をしだいに高めて行くなかで，各国はこれらを自国の会計基準として取り入れる方向にある。これには2つの形態がみられる。1つは，EUにみられるように，IAS/IFRSが自国の会計基準に適合しているか否かを検証したうえで，これを最低限上場会社の会計基準として採用する形態である。これは「アドプション」(adoption) と呼ばれる。

いま1つは，自国の会計基準を維持しながら，自国基準とIAS/IFRSとの差異を可及的に縮小して両者の収斂を図るという形態である。これが前述のコンバージェンスである。アメリカ財務会計基準審議会（FASB）は，この2つの方法のうちUS-GAAPとIAS/IFRSをコンバージェンスするという行き方を採用しようとしているのである。

さらに，日本における会計基準の国際的対応に目を転じてみると，2007年の東京合意によって，日本基準とIAS/IFRSとのコンバージェンスが進められてきた。このようにIAS/IFRSとのコンバージェンスが進展するなか，2010年3月期からは一定の上場企業に対してIAS/IFRSの任意適用が認められ，2013年にはIAS/IFRSの任意適用企業数の拡大を目指す動きが進展している。つまり，日本では，IAS/IFRSとのコンバージェンスを基礎としながら，IAS/IFRSの任意適用を進めることによって，会計基準の国際的対応が図られている。

本書では，会計基準を設定する際の準拠枠となる概念フレームワークについての比較検討も行っている。会計基準の国際的調和化さらには統一化を目指すIASBにとっては，会計基準の設定や改廃を行う際に概念フレームワークが重要な役割を果たしてきた。同様に，資本市場の要請に基づいて会計基準がピースミール的に設定される英米型会計の諸国では，概念フレームワークが，首尾一貫した会計基準を設定する上で不可欠なものであった。これに対して，大陸型会計の諸国では，従来概念フレームワークの必要性はほとんど認識されてこなかった。これらの国では，商法等の法理念を基礎として会

計基準が首尾一貫して設定されてきたからである。このように概念フレームワークは，各国の制度基盤に応じて，その意義や必要性が異なって認識されることになるのである。

　本書を出版するに当たっては，熊本学園大学大学院教授，佐藤信彦氏，立教大学教授，松井泰則氏，立教大学教授，倉田幸路氏，専修大学教授，菱山淳氏，西武文理大学教授，徳田行延氏，西武文理大学教授，徳山英邦氏，亜細亜大学短期大学部准教授，渡邊貴士氏，明治大学会計大学院准教授，渡辺雅雄氏，白鷗大学講師，青木孝暢氏から貴重なご助言やご示唆を賜った。ここに記して感謝の意を表したい。また，多くの先学の方々の優れた研究業績に学ばせていただいたことについても謝意を表したい。

　最後に，本書の出版に当たり，白桃書房社長，大矢栄一郎氏をはじめ同社の社員の方々の全面的なご支援とご協力をいただいた。厚くお礼申し上げるしだいである。

2015年1月吉日
森川　八洲男

【目次】

まえがき… i

本書で使用する主要略語一覧……… xvii

第1部　国際会計と主要国の企業会計制度

1章　「国際会計論」への導入

1 ▶「国際会計」とは何か ……… 2
(1) 企業のレベル ……… 2
(2) 会計のレベル ……… 2

2 ▶ 国際会計の課題 ……… 3
(1) 3つの課題 ……… 3
(2) 各課題の概要 ……… 3
　① 外貨換算会計 ……… 3
　② 各国企業会計制度の比較研究 ……… 4
　③ 会計基準の国際的調和化ないし
　　　国際的収斂（コンバージェンス） ……… 4

2章　企業会計制度の国際的多様性

1 ▶ 環境的要因 ……… 6
(1) 法制度 ……… 6
(2) 資金調達方法 ……… 7
(3) 課税制度 ……… 8

2 ▶「大陸型会計」と「英米型会計」 ……… 8

3章　主要国の企業会計制度

1 ▶ 各国の企業会計制度の類型化 ……… 10

2 ▶ 日本の企業会計制度 ……… 10

v

(1) 日本の企業会計制度の類型 ……………………………………… 10
(2) 従来の日本の企業会計制度—大陸型会計の枠組み ……… 11
(3) 現行の日本の企業会計制度 …………………………………… 11
　① 日本の企業会計制度の変容 ………………………………… 11
　② 現行の企業会計制度の枠組み ……………………………… 15
　③ 現行の企業会計制度の特質—法律による会計規制 …… 15
(4) 会社法会計 ………………………………………………………… 16
　① 会社の種類 …………………………………………………… 16
　② 株式会社の会計規定 ………………………………………… 16
(5) 金融商品取引法会計 …………………………………………… 19
　① 金融商品取引法の目的 ……………………………………… 19
　② 企業内容開示制度 …………………………………………… 20
(6) 税務会計 …………………………………………………………… 22
(7) まとめ ……………………………………………………………… 23

3 ▶ イギリスの企業会計制度 …………………………………… 23
(1) イギリス企業会計制度の特質 ………………………………… 23
(2) イギリス企業会計制度の枠組み ……………………………… 24
(3) 会社法 ……………………………………………………………… 25
　① 会社法の展開 ………………………………………………… 25
　② 「真実かつ公正な概観」の原則 …………………………… 25
　③ 1985年会社法 ………………………………………………… 25
　④ 1989年会社法 ………………………………………………… 27
　⑤ 2006年会社法 ………………………………………………… 27
(4) 会計基準 …………………………………………………………… 29
　① 会計基準の展開 ……………………………………………… 29
　② 会計基準審議会(ASB)の設置と財務報告基準(FRS)の設定 …… 29
　③ 財務報告評議会（FRC）の強化と新会計基準の設定 …… 30
　④ 財務諸表の種類 ……………………………………………… 31

4 ▶ アメリカの企業会計制度 …………………………………… 31
(1) アメリカ企業会計制度の特質 ………………………………… 31
(2) 企業会計制度の基盤の形成
　　—1933年証券法・1934年証券取引法の制定 ……………… 32

(3) 証券取引委員会（SEC）による会計規制 ·············· 32
　　　① 会計規制の枠組み ·············· 32
　　　② SECの組織 ·············· 33
　　　③ SECの業務 ·············· 33
　　(4) アメリカにおける「一般に認められた会計原則」（GAAP）
　　　の設定(1) ·············· 34
　　　① 会計基準設定機関の変遷 ·············· 34
　　　② 財務会計基準審議会（FASB）体制の確立 ·············· 35
　　(5) アメリカにおける「一般に認められた会計原則」（GAAP）
　　　の設定(2)――FASBによる展開 ·············· 35
　　　① FASBの公式文書 ·············· 35
　　　② FASBによる会計基準設定プロセスの特徴 ·············· 36
　　　③ 会計基準の体系化 ·············· 36
　　(6) アメリカにおける財務報告 ·············· 37

5 ▶ ドイツの企業会計制度 ·············· 38
　　(1) ドイツ企業会計制度の主要な特質 ·············· 38
　　(2) 財務内容の開示 ·············· 39
　　　① 年度決算書（財務諸表） ·············· 39
　　　② コンツェルン決算書（連結財務諸表） ·············· 40
　　　③ 年度決算書の基本原則―「真実かつ公正な概観」の原則 ·············· 40
　　(3) 企業会計制度の改正 ·············· 42
　　　① 会計基準の国際的調和化 ·············· 42
　　　② ドイツ会計基準委員会（DRSC）による会計基準の設定 ·············· 43

6 ▶ フランスの企業会計制度 ·············· 44
　　(1) フランス企業会計制度の主要な特質 ·············· 44
　　(2) フランス商事会社法 ·············· 45
　　(3) プラン・コンタブル・ジェネラル（PCG）の発展 ·············· 46
　　(4) 会計の国際的調和化の進展 ·············· 46
　　　① 第1段階の国際的調和化 ·············· 46
　　　② 第2段階の国際的調和化 ·············· 47
　　　③ PCGとIAS/IFRSとのコンバージェンス ·············· 48
　　　④ 会計基準機構（ANC）の創設 ·············· 48

第2部　国際会計基準（IAS/IFRS）の設定主体と国際会計基準

4章　会計基準の国際的調和化の要請

1 ▶ 国際的調和化の必要性 ……………………………………………………… 52
　　(1)　財務諸表利用者 …………………………………………………………… 52
　　(2)　財務諸表作成者 …………………………………………………………… 52
　　(3)　国際的監査法人 …………………………………………………………… 53
　　(4)　規制当局 …………………………………………………………………… 53

2 ▶「調和化」の意味とアプローチ …………………………………………… 53
　　(1)　「調和化」の意味 ………………………………………………………… 53
　　(2)　「調和化」へのアプローチ ……………………………………………… 54

3 ▶ 国際的調和化への取り組み
　　　―各種の国際機関による調和化の試み― ………………………………… 55
　　(1)　政府レベルの国際機関 …………………………………………………… 55
　　　①　国際連合（UN）………………………………………………………… 55
　　　②　経済協力開発機構（OECD）………………………………………… 56
　　　③　証券監督者国際機構（IOSCO）……………………………………… 56
　　　④　欧州連合（EU）………………………………………………………… 57
　　(2)　職業会計士レベルの国際機関 …………………………………………… 57
　　　①　国際会計基準委員会（IASC）・国際会計基準審議会（IASB）…… 57
　　　②　国際会計士連盟（IFAC）……………………………………………… 58

5章　国際会計基準（IAS/IFRS）の設定

1 ▶ 国際会計基準の基礎 ………………………………………………………… 59
　　(1)　国際会計基準の意義と目的 ……………………………………………… 59
　　(2)　財務諸表の国際的比較可能性の確保 …………………………………… 59
　　(3)　財務諸表の意義と種類等 ………………………………………………… 60
　　　①　財務諸表の定義 ………………………………………………………… 60
　　　②　2つのタイプの財務諸表 ……………………………………………… 60
　　　③　財務諸表に関する二重責任制 ………………………………………… 60

2 ▶ 国際会計基準委員会(IASC) ... 60
- (1) 国際会計基準委員会の性格 ... 60
- (2) 国際会計基準委員会（IASC）のアプローチ ... 61
  - ① 国際会計基準（IAS）の趣旨 ... 61
  - ② IASC の目指す方向 ... 61
- (3) 国際会計基準委員会（IASC）の運営組織 ... 62

3 ▶ 国際会計基準審議会(IASB) ... 63
- (1) IASB の誕生 ... 63
- (2) IFRS 財団の組織 ... 63
  - ① 評議員会 ... 63
  - ② モニタリングボード ... 64
  - ③ IASB ... 64
  - ④ IFRIC ... 64
  - ⑤ IFRS 諮問会議 ... 65
- (3) IFRS 財団の目的 ... 65
- (4) 会計基準アドバイザリー・フォーラムの設置 ... 65

6章 国際会計基準(IAS)および国際財務報告基準(IFRS)の特徴

1 ▶ IAS/IFRSの一覧 ... 67
- (1) IAS 一覧 ... 67
- (2) IFRS 一覧 ... 68

2 ▶ IASの設定プロセス ... 69

3 ▶ IAS/IFRSの特徴 ... 70

第3部　IAS/IFRS の展開と国際化への対応

7章　IAS/IFRSの展開（その1）

1 ▶ IAS第1号「財務諸表の表示」の公表 ······· 74

2 ▶「財務諸表の比較可能性改善プロジェクト」の進展 ······· 75
 (1)　公開草案第32号（E32）「財務諸表の比較可能性」の公表 ······· 75
 (2)　E32「財務諸表の比較可能性」の提案内容 ······· 75
 (3)　「趣旨書」の提案事項 ······· 76

8章　IAS/IFRSの展開（その2）
―「コア・スタンダード」の設定作業―

1 ▶「コア・スタンダード」の設定に向けて ······· 78

2 ▶ IASCによる「コア・スタンダード」の設定作業の進展 ······· 79

3 ▶ SECによるコンセプト・リリース「国際会計基準」の公表 ······· 80

9章　会計基準の国際的収斂

1 ▶ アメリカの対応 ······· 82
 (1)　FASBの会計基準設定活動の展開 ······· 82
 (2)　「FASBの国際的諸活動計画」の公表 ······· 83
 (3)　「ノーウォーク合意」の公表 ······· 84
 (4)　その後のコンバージェンスに向けての展開 ······· 84

2 ▶ EUの対応（その1） ······· 86
 (1)　EUにおける会計基準の国際的対応 ······· 86
  ①　EC会社法指令―第4号指令「一定の会社形態の財務諸表」と第7号指令「連結財務諸表」の公表 ······· 86
  ②　EC第4号指令の特徴 ······· 86
 (2)　EUにおける「国際的調和化」の展開 ······· 87
  ①　「域内調和化」 ······· 87

② 「域外調和化」の展開 ··· 89

3 ▶ EUの対応(その2) ·· 91
　(1) EUにおける会計調和化—統合化戦略の実施 ················· 91
　　① 2001年9月の(一定の金融資産・負債に係る)公正価値指令 ······ 91
　　② 2002年7月の「IAS規則」 ··· 92
　　③ 2003年6月の「現代化指令」 ·· 92
　(2) まとめ—EUにおける会計基準のコンバージェンス ··············· 92

4 ▶ EUにおける「会計調和化の新たな展開」 ··············· 93
　(1) 会計指令の廃止と新会計指令の国内法化 ······················· 93
　(2) 企業規模に対応した水準の会計情報 ································ 93
　(3) 選択権の広範な許容 ·· 94

5 ▶ 日本の対応 ··· 94
　(1) 日本における会計基準の国際的対応 ································ 94
　　① 企業会計制度の改革と「ピースミール・アプローチ」の採用 ······ 94
　　② 「ピースミール・アプローチ」の意義と特質 ························ 95
　(2) 資産負債アプローチの採用 ··· 96
　　① 資産負債アプローチと収益費用アプローチ ························ 96
　　② 資産負債アプローチの重要性 ··· 97
　(3) 日本における会計基準のコンバージェンスの展開 ··············· 98
　　① 東京合意の公表 ·· 98
　　② 「中間報告」の公表 ·· 99
　　③ その後の展開 ··· 99

第4部 概念フレームワーク

10章 日本の概念フレームワーク

- 1 ▶ 討議資料「財務会計の概念フレームワーク」の設定 ……… 102
- 2 ▶ 概念フレームワークの役割と構成 ……… 102
- 3 ▶ 概念フレームワークの内容 ……… 103
  - (1) 第1章「財務報告の目的」……… 103
  - (2) 第2章「会計情報の質的特性」……… 104
    - ① 意思決定有用性 ……… 104
    - ② 意思決定との関連性と信頼性 ……… 104
    - ③ 内的整合性と比較可能性 ……… 104
  - (3) 第3章「財務諸表の構成要素」……… 105
    - ① 資産,負債,純資産,株主資本 ……… 105
    - ② 包括利益,純利益,収益,費用 ……… 106
  - (4) 第4章「財務諸表における認識と測定」……… 107
- 4 ▶ 概念フレームワークの位置づけ ……… 107

11章 イギリスの概念フレームワーク

- 1 ▶「財務報告原則書」の設定 ……… 109
- 2 ▶ 概念フレームワークの役割と構成 ……… 109
- 3 ▶ 概念フレームワークの内容 ……… 110
  - (1) 第1章「財務諸表の目的」……… 110
  - (2) 第2章「報告企業」……… 111
  - (3) 第3章「財務情報の質的特性」……… 111
  - (4) 第4章「財務諸表の構成要素」……… 113
    - ① 資産,負債,所有者持分 ……… 113
    - ② 利得,損失 ……… 114
    - ③ 所有者からの拠出,所有者への分配 ……… 114

(5) 第5章「財務諸表における認識」·································· 114
　　　　① 認識 ··· 114
　　　　② 認識中止 ·· 114
　　　(6) 第6章「財務諸表における測定」·································· 115
　　　(7) 第7章「財務情報の表示」··· 115
　　　(8) 第8章「他の企業の持分の会計」·································· 116

　4 ▶ 概念フレームワークの位置づけ ··· 116

12章　アメリカの概念フレームワーク

　1 ▶「財務会計概念報告書」(SFAC) の設定 ································· 118

　2 ▶ 概念フレームワークの役割と構成 ··· 118

　3 ▶ 概念フレームワークの内容 ·· 119
　　　(1) 第8号第1章「一般財務報告の目的」···························· 119
　　　(2) 第8号第3章「有用な財務情報の質的特性」················ 120
　　　　① 目的適合性と忠実な表現 ·· 120
　　　　② 比較可能性，検証可能性，適時性，理解可能性 ······ 121
　　　(3) 第4号「非営利組織体の財務報告の基本目的」·········· 121
　　　(4) 第6号「財務諸表の構成要素」···································· 122
　　　　① 資産，負債，持分 ·· 122
　　　　② 包括利益，収益，費用，利得，損失 ························ 123
　　　(5) 第5号「営利企業の財務諸表における認識と測定」···· 124
　　　　① 認識規準 ·· 124
　　　　② 測定属性 ·· 126
　　　(6) 第7号「会計測定におけるキャッシュ・フロー情報および現在価値の使用」··· 127
　　　　① 現在価値計算と公正価値 ·· 127
　　　　② 伝統的アプローチと期待キャッシュ・フロー・アプローチ ········ 128

　4 ▶ 概念フレームワークの位置づけ ··· 128

13章　ドイツの概念フレームワーク(草案)

1 ▶ 「正規の会計報告の諸原則」草案の公表 ……………………… 130

2 ▶ 概念フレームワーク(草案)の役割と構成 ……………………… 130

3 ▶ 概念フレームワーク(草案)の内容 ……………………………… 131
(1) 会計報告の目的 ……………………………………………… 131
① 会計情報の利用者 ………………………………………… 131
② 会計報告の目的 …………………………………………… 132
(2) 会計情報の原則 ……………………………………………… 133
① 意思決定有用性 …………………………………………… 133
② 適時性,完全性,信頼性,明瞭性,比較可能性 ………… 133
(3) 利益計算原則 ………………………………………………… 134
(4) 構成要素の認識原則 ………………………………………… 134
(5) 各構成要素の定義と認識 …………………………………… 134
① 資産,負債,自己資本 …………………………………… 134
② 収益,費用 ………………………………………………… 135
(6) 測定属性 ……………………………………………………… 136

4 ▶ 概念フレームワーク(草案)の位置づけ ………………………… 136

14章　フランスの概念フレームワーク(草案)

1 ▶ 会計概念フレームワーク草案の公表 …………………………… 138
(1) 公表の背景 …………………………………………………… 138
(2) 商法典における会計規定と PCG …………………………… 139

2 ▶ 概念フレームワーク(草案)の役割と構成 ……………………… 140

3 ▶ 概念フレームワーク(草案)の内容 ……………………………… 140
(1) 財務報告の基本目的 ………………………………………… 140
(2) 企業の表現に関する一般的特性 …………………………… 141
(3) 企業の富が測定可能であるという仮定 …………………… 142

		① フローの計算書または純資産の変動に関する計算書	142
		② 貸借対照表	143
		③ 測定対象	143
	(4)	測定が困難な場合	143
		① 判断の必要性とその質	143
		② 資産，負債，純資産，費用，収益	144
		③ 富の創造プロセス	145
		④ 価値評価	146

4 ▶ 概念フレームワーク（草案）の位置づけ ……………………… 146

15章　IASBの概念フレームワーク

1 ▶「財務報告のための概念フレームワーク」の設定 ……………… 148

2 ▶ 概念フレームワークの役割と構成 ………………………………… 148

3 ▶ 概念フレームワークの内容 ………………………………………… 149
　(1) 財務諸表の認識原則 ……………………………………………… 149
　(2) 各構成要素の定義と認識 ………………………………………… 150
　　① 資産，負債，持分 …………………………………………… 150
　　② 収益，費用 …………………………………………………… 150
　(3) 測定属性 ………………………………………………………… 151

4 ▶ 概念フレームワークの位置づけ …………………………………… 152

16章　まとめ─概念フレームワークの意義と役割─ ……………… 153

資料

1 ▶ 問題の限定 ... 155

2 ▶ ドイツ会計の枠組みと情報開示機能 ... 157
  (1) ドイツ会計の枠組み ... 157
  (2) 情報開示機能の展開 ... 159
    ① 全般的事項 ... 159
    ② 年度決算書関係 ... 160
    ③ 連結決算書関係 ... 160

3 ▶ 国際企業の国際的調和化の動向 ... 162
  (1) アンケート調査にみる調和化への方向 ... 162
  (2) 国際企業の動向 ... 165

4 ▶ ダイムラー・ベンツ社のケース ... 168
  (1) ベンツ社の対応 ... 168
  (2) 「調整表」の内容とその検討 ... 169
    ① 連結純損益について ... 170
    ② 株主持分について ... 170
    ③ ドイツ基準とUS基準の主要な相違 ... 170
  (3) 会計方針の変更 ... 177
    ① 1987年および1989年の変更 ... 177
    ② 1992年の変更 ... 178
    ③ 1993年の変更 ... 178

5 ▶ 結び ... 179

参考文献 ... 185
索　引 ... 189

本書で使用する主要略語一覧

■国際会計基準審議会

略語	正式名称	邦訳
IAS	International Accounting Standards	国際会計基準
IASB	International Accounting Standards Board	国際会計基準審議会
IASC	International Accounting Standards Committee	国際会計基準委員会
IFRS	International Financial Reporting Standards	国際財務報告基準

■イギリス

略語	正式名称	邦訳
ASC	Accounting Standards Committee	会計基準委員会
ASB	Accounting Standards Board	会計基準審議会
FRC	Financial Reporting Committee	財務報告評議会
FRS	Financial Reporting Standards	財務報告基準
ICAEW	Institute of Chartered Accountants in England and Wales	イングランド・ウェールズ勅許会計士協会
SSAP	Statements of Standard Accounting Practice	基準会計実務書

■アメリカ

略語	正式名称	邦訳
AIA	American Institute of Accountants	アメリカ会計士協会
AICPA	American Institute of Certified Public Accountants	アメリカ公認会計士協会
APB	Accounting Principles Board	会計原則審議会
ARB	Accounting Research Bulletins	会計研究公報
ASR	Accounting Series Releases	会計連続通牒
CAP	Committee on Accounting Procedure	会計手続委員会
FASB	Financial Accounting Standards Board	財務会計基準審議会
FRR	Financial Reporting Releases	財務報告通牒
GAAP	Generally Accepted Accounting Principles	一般に認められた会計原則

SEC	Securities and Exchange Commission	証券取引委員会
SFAC	Statements of Financial Accounting Concepts	財務会計概念報告書
SFAS	Statements of Financial Accounting Standards	財務会計基準書

■ ドイツ

略語	正式名称	邦訳
DRSC	Deutsches Rechnungslegungs Standards Committee	ドイツ会計基準委員会
GoB	Grundsätze ordnungsmäßiger Buchführung	正規の簿記の諸原則

■ フランス

略語	正式名称	邦訳
ANC	Autorité des normes comptables	会計基準機構
CNC	Conseil national de la comptabilité	国家会計審議会
CPDC	Comité permanent de la doctorine comptable	会計理論常任委員会
CRC	Comité de la réglementation comptable	会計規制委員会
OEC	Ordre des experts comptables	専門会計士協会
PCG	Plan comptable général	プラン・コンタブル・ジェネラル

■ その他

略語	正式名称	邦訳
EU	European Union	欧州連合
IFAC	International Federation of Accountants	国際会計士連盟
IOSCO	International Organization of Securities Commissions	証券監督者国際機構
OECD	Organization for Economic Cooperation and Development	経済協力開発機構

■ 日本の法令名略語

略語	正式名称
商	商法
商特	商法特例法
会	会社法
計規	会社計算規則
金商法	金融商品取引法
財規	財務諸表等の用語，様式及び作成方法に関する規則
連結財規	連結財務諸表の用語，様式及び作成方法に関する規則

第1部

国際会計と主要国の企業会計制度

ここでは，国際会計の課題，必要性，そして企業会計制度の国際的多様性について論じるとともに，日本，イギリス，アメリカ，ドイツ，フランス，さらに EU の企業会計制度の特徴点を明らかにする。

1章 「国際会計論」への導入

1 ▶ 「国際会計」とは何か

　ここでは，「国際会計論」への導入として，国際会計とは何かについて簡単に説明しておきたい。国際会計（international accounting）とは，国境を越えて営まれる企業（および企業集団）の経済活動を貨幣計数により認識，測定し，その結果を利害関係者に伝達する行為の総称である。
　この定義について，企業のレベルと会計のレベルの2つの面から説明する。

(1) 企業のレベル

　まず，ここで問題になる企業は，「多国籍企業」（multinational enterprise）である。多国籍企業とは，複数の国に生産および販売の拠点を有し，国際的規模で事業活動を展開する巨大企業をいう。世界企業，超国籍企業とも呼ばれる。こうした多国籍企業の事業活動の展開が国際会計成立の背後に見受けられる。
　国際会計は，特に1960年代後半以降において，アメリカを中心とした海外直接投資の増大，ならびに多国籍企業の進展を背景にして，急速に発展をとげてきた会計領域である。

(2) 会計のレベル

　次に，会計（特に企業会計）とは，企業（上述のような多国籍企業）の営む経済活動を貨幣計数を用いて認識し，測定し，かつその結果を情報（財務諸表）としてまとめて利害関係者に伝達する行為をいう。この場合，認識とは，

企業の経済活動において生起した諸事象のうち資産，負債，純資産，収益および費用に該当するものを識別し，分類・計上することをいう。また，測定とは，そのような認識行為により識別された項目に貨幣計数（金額）を付することをいう。測定には，経済事象が生起したときに行われる測定（第1次測定）と，期末の決算評価の際に行われる測定（第2次測定）とがある。

このような認識および測定の結果は，最終的に財務諸表（会計情報）にまとめて投資家等の情報利用者に送り届けられる。その目的は，情報利用者の行動に影響を及ぼすように必要な情報を明瞭に開示することに置かれる。これは報告ともいう。

なお，ここで主要な測定単位としては貨幣計数（貨幣単位）が用いられる。これは，物量単位に比べ企業の経済活動の統一的把握のために有用である。

2 ▶ 国際会計の課題

(1) 3つの課題

企業活動の国際化ないしグローバル化に伴い直面する会計問題として，①外貨換算会計，②各国企業会計制度の比較研究，ならびに③会計基準または会計実務の国際的調和化ないし国際的収斂（コンバージェンス）などを挙げることができる。本書では，これらの課題のうち特に重要とみられる②および③を取り上げる。

(2) 各課題の概要

① 外貨換算会計

企業活動の国際化に伴いまず最初に直面する課題は，使用される通貨単位が異なることから生じる問題，つまり外貨換算に関する会計問題である。

現行の変動為替相場制のもとで，企業が輸出入取引や海外で資金調達取引を行ったり，また在外支店や子会社などの在外事業体を通して事業活動を行っている場合には，これらの取引から生じた外貨建金銭債権債務などの項目や在外事業体の外貨表示財務諸表項目をどのような為替相場（為替レート）

で円貨に換算するか，また換算差額をどのように処理するかという問題が生じる。外貨換算会計は，主にこれらの問題を取り扱う会計領域である。

なお，外貨換算に関する会計基準として，1999年10月に改訂された「外貨建取引等会計処理基準」が公表されている。

② 各国企業会計制度の比較研究

国際会計の主要な課題の1つに，各国の企業会計制度の比較研究がある。これは，「比較会計制度論」と称される会計領域である。この会計領域は，各国の会計基準や会計慣行を比較検討して，その相違点を明らかにし，その特質を解明することを目的とするものである。各国の企業会計制度は，複式簿記という共通の機構を用いながらも，それをとりまく環境的要因の影響を受けて形成されてきたために，内容的にみて著しく異なっている。その2つの基本類型をなすのが，「大陸型会計（制度）」（「フランコ・ジャーマン型会計」）と「英米型会計（制度）」（「アングロ・サクソン型会計」）である。この2つの会計システムは，特に法制度の違い―成文法システムかコモンロー・システムか，資金調達方法の違い―間接金融方式か直接金融方式か，会計目的の違い―債権者保護のための保守主義的経理か投資家保護のための適正な情報開示か，会計と税務の結び付きについて確定決算主義か税務申告主義か，さらに会計基準の設定機関が立法機関や政府機関のようなパブリック・セクターであるか，職業会計士団体を中心としたプライベート・セクターか，などの点で異なる。

こうした類型化に基づいて，各国の会計制度についてその規制目的，規制機関，さらに会計基準などを比較検討してその特質を解明する会計領域が比較会計制度論である。

③ 会計基準の国際的調和化ないし国際的収斂（コンバージェンス）

国際会計のさらに重要な課題として，各国における会計基準の国際的調和化ないし国際的収斂（コンバージェンス）を挙げることができる。この問題こそ，近年，国際会計の中心的な課題として提起されているものである。

会計基準の国際的調和化の試みは，1973年に創設された国際会計基準委

員会(International Accounting Standards Committee:IASC)による「国際会計基準」(International Accounting Standards:IAS)の設定という形をとって行われてきた。IASは,各国の会計基準の間に存在する相違を可能な限り相互に調整し,国際的に比較可能な財務諸表の作成に役立つ会計基準を形成することを目的としたものである。IASCは,1975年1月にIAS1号「会計方針の開示」(その後「財務諸表の表示」に変更)を公表して以来,2001年までに同41号「農業」に至るまで41の確定基準を設定・公表した。これらの会計基準をIASという。IASCは,各国の公認会計士団体(職業会計士団体)を中心として設立されたが,2001年4月にIASCが全面的に改組されて,国際会計基準審議会(International Accounting Standards Board:IASB)が新設された。これらは,いずれもプライベート・セクターに属する。IASBは,IASCが設定したIASを受け入れ,IASB自身が作成する「国際財務報告基準」(International Financial Reporting Standards:IFRS)と合わせて,その全体をIFRSsと呼ぶこともある。[1]

注

1) 本書では,IASCが発行した会計基準をIASと,IASBが発行した会計基準をIFRSと,また両者を含めた全体をIAS/IFRSと表記する。

2章 企業会計制度の国際的多様性

1 ▶ 環境的要因

　各国の企業会計制度を比較すると，それらの間にはかなりの相違があることが認められる。このような多様性は，各国の企業会計制度がそれをとりまく環境的要因に影響されて，さまざまな形をとって形成され発展をとげてきたことに由来するものである。これらの環境的要因には，社会的，政治的，経済的，法律的および文化的要因など多様な要因があるが，以下では，特にその主要なものとして，法制度，資金調達方法および課税制度の3点を取り上げ，説明する。

(1) 法制度

　法制度には，大別して，「成文法システム」と「コモンロー・システム」という2つの型がある。前者は，文字通り，成文法ないし制定法を法の主体とした制度であり，厳格な規制的アプローチに基づくものである。この法体系は，主としてローマ法の流れを汲むドイツ，フランス，イタリアなどヨーロッパ大陸諸国で採用されており，そのため「大陸法システム（Continental legal system）」とも呼ばれる。日本の法制度もこの系譜に属する。

　一方，後者は，判例法ないし慣習法を主体とした制度であり，成文法の場合ほど抽象的ではなく，一般法を定式化するというよりはむしろ特定の事件に対して解釈を与えることを重視するものである。この法制度は，イギリス（少なくとも1981年会社法までは）をはじめ，その影響を受けたアメリカ，カナダ，オーストラリア，ニュージーランドなどアングロ・サクソン諸国で

採用され，そのため「アングロ・サクソン法システム（Anglo-Saxon legal system）」とも呼ばれる。

　このような法制度の相違は，一国の企業会計制度の形成に重要な影響を及ぼす。一般に，成文法システムの諸国では，会計の処理（認識および測定）と表示の両面にわたって詳細な規定が設けられ，かつ法文通りに適用される。そのため，職業会計士（会計監査人）に委ねられる判断の行使の範囲が限定され，法形式の枠組みのもとで画一的・形式的な意味での会計情報の比較可能性は確保されるが，個々の企業の特殊な状況を斟酌した経済的実質の開示は困難にならざるをえない。一方，コモンロー・システムのもとでは，通常，会計の一般的ないし基本的な事項について限られた数の規定が設けられるだけで，明文規定の空白は主に判例に委ねられる余地が多く，法形式を越えて，企業の経済的現実に適合した情報開示を推進することが可能になる。

(2) 資金調達方法

　企業の資金（特に外部資金）調達方法には直接金融と間接金融の2つがある。直接金融は，証券市場から株式や社債の発行を通して行われる資金調達の方法であるのに対して，間接金融は，銀行などの金融機関からの借入れという形で行われる資金調達の方法である。イギリス，アメリカ，オーストラリア，カナダなどの諸国では，主に直接金融が普及しているのに対して，ドイツ，フランスあるいは日本などでは，少なくとも従来は間接金融に重点が置かれてきた。ただし，これらの国でも，最近では直接金融への依存度がしだいに高まりつつある。

　一般に，直接金融方式のもとでは，投資家保護が主要な会計目的とされ，その見地から特に投資意思決定のために適正な比較可能な収益力情報を中心とした情報の開示が要請される。したがって，主要な会計原則として発生主義の原則や費用収益対応の原則が重視されることになる。一方，間接金融方式のもとでは，債権者保護が主要な会計目的とされ，その見地から特に資本維持を内容とした配当可能利益の計算が重視される。そのため，保守主義が重要な会計原則の座を占めることになる。

(3) 課税制度

　課税所得の計算システムには，企業会計（商法・会社法会計）と関連づけてこれを行う方式と，企業会計から分離し税法独自の規定に基づいてこれを行う方法の2つがある。前者は確定決算主義（ドイツでは「基準性の原則」という），後者は税務申告主義と呼ばれる。確定決算主義とは，商法・会社法上の確定決算（企業利益）を基礎にして，税法規定に基づく調整計算を行って課税所得を計算する原則をいう。これには，特に内部取引にかかわる一定の費用・損失（減価償却，引当金・準備金設定など）につき，確定決算上で「損金経理」を行うことを要件として，課税所得計算上損金に算入することを容認するという要請が含まれる。この要請により，企業会計上の損益計算は逆に税法基準によって影響を受けることになる。これを「逆基準性」という。そのために，確定決算主義のもとでは，企業会計は多分に税法の影響を受け，財務諸表の開示能力は損なわれることになる。これは，主にドイツ，フランスあるいは日本などで用いられている。

　一方，税務申告主義とは，商法・会社法上の確定決算と別個に，税法独自の規定に基づいて税務申告書上で計算された所得額を課税所得とする原則をいう。そのため，この原則のもとでは，企業会計は税務中立的である。税務申告主義は，アメリカやイギリスなどで採用されている。

2 ▶「大陸型会計」と「英米型会計」

　すでに説明したように，各国の企業会計制度は，主に上記のような環境的諸要因の及ぼす影響とのかかわりから，「（ヨーロッパ）大陸型会計（Continental Accounting）」と「英米型会計（Anglo-Saxon Accounting）」という2つの系譜に類型化することができる。

　このうち，大陸型会計は，特に法規制の方法として成文法システムの採用，間接金融方式の優位を背景に会計目的として債権者保護のための保守主義的経理の要請，確定決算主義の採用による税務との結びつきなどにその主要な特徴が認められる。さらに，立法機関や政府機関のようなパブリック・セク

ターによる会計基準の設定という点もその特徴をなすものとして挙げることができる。大陸型会計には，その名称からもうかがわれるように，ドイツ，フランス，イタリア，スイス，オーストリアの会計のほか，スウェーデン，従来の日本などの会計が属する。

一方，英米型会計は，法規制の方法としてコモンロー・システムの採用，直接金融方式の優位を背景に会計目的として投資家保護のための適正開示の要請，企業会計の税務からの分離などにその主要な特質が見出される。さらに，職業会計士団体を中心としたプライベート・セクターに属する設定機関による会計基準の設定という点も注目される。この会計の系譜には，イギリスやアメリカの会計のほか，カナダ，オーストラリア，ニュージーランド，南アフリカあるいはオランダなどの会計が属する。

以上を要約すると，次表のように整理することができる。

大陸型会計と英米型会計の比較

	大陸型会計	英米型会計
①法制度の違い	成文法システム	コモンロー・システム
②資金調達方法の違い	間接金融方式	直接金融方式
③会計目的の違い	債権者保護のための保守主義的経理	投資家保護のための適正な情報開示
④会計と税務の結びつき	確定決算主義	税務申告主義
⑤会計基準の設定機関	立法機関や政府機関のようなパブリック・セクター	職業会計士団体を中心としたプライベート・セクター

近年，各国の会計基準や会計慣行は，大筋において，IAS/IFRSとの調和化ないし統一化の進展に伴い大幅に改訂される方向にあるが，それぞれの国の企業会計制度の基本的な特質を把握するためには，やはり上述のような「大陸型会計」と「英米型会計」という2つの系譜への類型化を参照することがいぜんとして有効であると考えられる。

3章 主要国の企業会計制度

1 ▶ 各国の企業会計制度の類型化

　前章で説明したように，各国の企業会計制度は，それをとりまく環境的要因から，基本的には，大陸型会計と英米型会計の2つに類型化することができる。この場合，環境的要因の主要なものとしては，法制度，資金調達方法，および課税制度の3点が挙げられる。以下では，こうした観点から，日本をはじめ，イギリス，アメリカ，ドイツ，フランス，さらにはEUなど，主要国の企業会計制度の特質を明らかにしたい。

2 ▶ 日本の企業会計制度

(1) 日本の企業会計制度の類型

　上述のように，各国の企業会計制度を，それをとりまく環境的要因から，大陸型会計と英米型会計の2つに類型化した場合に，日本の企業会計制度は，基本的には，大陸型会計としての特質をもつものとみることができる。確かに，日本の企業会計制度は，1996年に開始されたいわゆる「金融ビッグバン」の一環として，大幅に改訂され，英米型会計の系譜に属するIAS/IFRSとの調和化ないしコンバージェンスが著しく促進されたが，少なくとも現在までの展開をみる限り，その基底にはいぜんとして大陸型会計のもつ特徴が見受けられるのである。

(2) 従来の日本の企業会計制度—大陸型会計の枠組み

　従来の日本の企業会計制度—正確にいえば，1996年に始まる「金融ビッグバン」による企業会計制度改革以前の制度を指す—は，明確に大陸型会計の枠組みをもつものと位置づけることができる。それは，日本の企業会計制度の特徴として，特に法規制の方法に関し制定法に基づく成文法システムの採用，また企業の資金調達に関し銀行等の金融機関からの借入れに依存する間接金融方式の優位性を背景に，会計目的として債権者保護目的のための保守主義的経理の重視，さらに課税所得の計算に関し，商法上の確定決算（企業利益）を基礎として，税法規定に基づく調整計算を行い，これを算定するという確定決算主義の採用，加えて，会計基準設定機関として企業会計審議会のような政府機関に代表されるパブリック・セクターの重視などの諸点を指摘することができるからである。これらの諸点はまさしく大陸型会計の特徴を示すものにほかならない。

(3) 現行の日本の企業会計制度
① 日本の企業会計制度の変容
(a) IAS/IFRSの国内会計基準への導入

　上述のような従来の日本の企業会計制度は，主に1990年以降，経済のグローバル化と企業活動の国際化の進展を背景にして，会計基準の国際的調和化，さらにコンバージェンスを図ることが緊急の課題であるとされた。そして，このような会計基準の国際的対応の進展は，それに呼応するという形で開始された「金融ビッグバン」（金融・資本市場をフリーで，フェアで，グローバルなものにするための金融システムの改革をいう）によって加速化され，英米型会計の系譜に属するIAS/IFRSの国内会計基準への導入が急ピッチで進められた。その結果，日本の企業会計制度は，会社法や証券取引法等関連法規の改正と相俟って，かなり大幅な変容をとげるに至ったのである。しかしながら，そのような制度的展開の基底にはいぜんとして大陸型会計の特徴が見受けられるのである。

　こうした企業会計制度の改正において，従来制度の中核をなす包括的基準として位置づけられてきた「企業会計原則」が，昭和57年（1982年）4月

に一部改正を行った後は，修正される機会がなかったという事情を踏まえて，これを保持しながらも，他方，その周辺で日本の制度をIAS/IFRSとの調和化に向け，「ピースミール・アプローチ」に基づいて，アメリカの財務会計審議会（FASB）の基準書やIAS/IFRSをモデルにして，個別財務諸表および連結財務諸表の両者に適用される新しい会計基準を個別的に設定し，かつ改訂するという作業が行われてきた。

(b) 会計基準の設定機関の変更─「企業会計審議会」から「企業会計基準委員会」へ

従来，日本において会計基準の設定機関として主導的な役割を果たしてきたのは，政府機関としての「企業会計審議会」[1]である。企業会計審議会は，企業会計基準，監査基準，原価計算基準など，企業会計制度の整備改善に関する重要な事項を調査・審議し，「大蔵大臣（現在は内閣総理大臣，金融庁長官または関係各行政機関）」（金融庁組織令24条）に必要な勧告および報告を行うことを任務としている。先にも指摘したように，このような政府機関である企業会計審議会による会計基準の設定は，大陸型会計の主要な特徴の1つをなすものである。

しかしながら，会計基準の設定が企業会計審議会のような政府審議会によって行われる場合には，審議会は通常非常勤の委員から構成されるために，経済状況の変化に機動的に対応することができないという問題が指摘される。また，近年の国際的動向をみると，会計基準の設定は政府機関ではなく，民間の団体（プライベート・セクターに属する）によるべきであるという見解が強く主張されている。そのような事情を背景にして，日本でも，平成13年（2001年）7月に民間の常設団体として，「企業会計基準委員会」(Accounting Standards Board of Japan：ASBJ) が設立され，企業会計審議会に代わり[2]，新たに会計基準の開発を担うことになったのである。

(c) 企業会計基準委員会の設立過程と役割
(i) 委員会の設立過程

日本において会計基準設定機関の民間団体への移行をめぐる論議は，平成13年（2001年）から開始された。まず，同年2月に，経済団体連合会（現

在の日本経済団体連合会),日本公認会計士協会,全国証券取引所協議会,日本証券業協会,全国銀行協会,生命保険協会,日本損害保険協会,日本商工会議所,日本証券アナリスト協会および企業財務制度研究会の民間10団体により,「財団法人財務会計基準機構」(Financial Accounting Standards Foundation : FASF) の設立に関する準備委員会が設置された。そして,委員会での議論の結果,同年7月26日に同機構が設置された。それに伴い,同機構の中核機関として「企業会計基準委員会」が2001年8月に発足した。

(ⅱ) 委員会の役割

財団の寄付行為によると,企業会計基準委員会は国内会計基準の開発および国際的な会計基準の整備への貢献等がその目的とされている。このうち特に前者の目的は,従来その役割を果たしてきた企業会計審議会に代わって,民間の常設団体として企業会計基準の開発を担うことであると表明されている。

(d) 企業会計基準委員会により公表された会計基準

企業会計基準委員会が公表する文書には,企業会計基準,同適用指針および実務対応報告の3種類がある。

企業会計基準委員会から平成24年までに公表されている企業会計基準は次の通りである。

第1号「自己株式及び準備金の額の減少等に関する会計基準」(平成12年2月,最終改正平成18年8月)

第2号「一株当たり当期純利益に関する会計基準」(平成14年9月,改正平成22年6月)

第3号「『退職給付に係る会計基準』の一部改正」(平成17年3月,廃止)

第4号「役員賞与に関する会計基準」(平成17年11月)

第5号「貸借対照表の純資産の部の表示に関する会計基準」(平成17年12月,改正平成21年3月)

第6号「株主資本等変動計算書に関する会計基準」(平成17年12月,改正平成22年6月)

第7号「事業分離等に関する会計基準」(平成17年12月,改正平成20年12月)

第8号「ストック・オプション等に関する会計基準」（平成17年12月）

第9号「棚卸資産の評価に関する会計基準」（平成18年7月，改正平成20年9月）

第10号「金融商品に関する会計基準」（平成18年8月，改正平成20年3月）

第11号「関連当事者の開示に関する会計基準」（平成18年10月）

第12号「四半期財務諸表に関する会計基準」（平成19年3月，最終改正平成24年6月）

第13号「リース取引に関する会計基準」（改正平成19年3月）

第14号「『退職給付に係る会計基準』の一部改正（その2）」（平成19年5月，廃止）

第15号「工事契約に関する会計基準」（平成19年12月）

第16号「持分法に関する会計基準」（平成20年3月，改正平成20年12月）

第17号「セグメント情報等の開示に関する会計基準」（改正平成20年3月，最終改正22年6月）

第18号「資産除去債務に関する会計基準」（平成20年3月）

第19号「『退職給付に係る会計基準』の一部改正（その3）」（平成20年7月，廃止）

第20号「賃貸不動産の時価等の開示に関する会計基準」（平成20年11月，改正平成22年3月）

第21号「企業結合に関する会計基準」（企業会計審議会）（平成15年10月，改正平成20年12月）

第22号「連結財務諸表に関する会計基準」（平成20年12月，最終改正平成23年3月）

第23号「『研究開発費等に係る会計基準』の一部改正」（平成20年12月）

第24号「会計上の変更及び誤謬の訂正に関する会計基準」（平成21年12月）

第25号「包括利益の表示に関する会計基準」（平成22年6月改正，平成24年6月）

第26号「退職給付に関する会計基準」（平成24年5月）

② 現行の企業会計制度の枠組み

　上述のように，従来の日本の企業会計制度は，基本的には，大陸型会計の枠組みをもつものとして把握された。そしてその主要な特徴として，特に法規制の方法に関して制定法に基づく成文法システムの採用，企業資金の調達に関して銀行等の金融機関からの借入れに依存する間接金融方式の優位性を背景に，会計目的として債権者保護のための保守主義経理の重視，さらに課税所得の計算に関し，商法上の確定決算を基礎として，税法規定に基づく調整計算を行い，これを求めるという確定決算主義の採用，加えて会計基準設定機関として企業会計審議会に代表されるパブリック・セクターの重視などの諸点が指摘された。しかし，その後1990年代以降における企業会計制度の国際的対応が進展するに伴い，これらの特質のうち，特に資金調達に関し，資本市場からの直接金融方式がしだいに普及するなかで，投資家保護のために企業の収益力の適正開示の要請が高まり，また基準設定機関として従来の政府機関としての企業会計審議会に代わる「企業会計基準委員会」の設置など，従来の制度の枠組みとは違った新しい展開が見受けられる。しかし，その反面で，法制度に関する成文法システムの採用，あるいは課税制度に関する確定決算主義の採用などは，従来の制度と基本的に異なるところはない。

③ 現行の企業会計制度の特質―法律による会計規制

　さて，現在の日本の企業会計実務は，会社法，金融商品取引法および法人税法という3つの法律によって規制されており，それぞれその根拠をなす法律により，会社法会計，金融商品取引法会計，および税務会計と呼ばれる。こうした現行の企業会計規制は，従来に比べ，「商法」のうち「会社法」が独立して法典化され，また「証券取引法」が「金融商品取引法」という名称に変わっているが，いずれも制定法としての法律を根拠としているという点では従来の企業会計制度と特別に異なるところはない。

　もっとも，従来の企業会計規制は，特に商事一般法としての商法がその中核に据えられていたという意味で，会社法を基礎とした現行の企業会計規制よりも強力であるということは認めなければならないであろう。

　上述のように，現行の日本の企業会計制度は，会社法会計，金融商品取引

法会計および税務会計という3つの形態の制度会計（法的会計）より形成されている。そして，その中心には会社法会計が位置づけられている。なお，こうした法規範に加えて，「企業会計原則」や「企業会計基準」などの慣習規範もある。以下では，それぞれの会計の内容について説明しよう。

(4) 会社法会計
① 会社の種類

　会社法は，株式会社（第2編），および合名会社・合資会社・合同会社をひとまとめにした持分会社（第3編）についてそれぞれ規定している。このうち，合名会社は無限責任社員（会社の債務につき連帯して無限の責任を負う社員）のみからなる会社であり，合資会社は無限責任社員と有限責任社員からなる会社であり，また合同会社は有限責任社員のみからなる会社であるが，いずれも社員間の人的な信頼関係が前提とされており，比較的小規模であり，かつ閉鎖的な企業活動を行うことが想定されている。そのため，計算や開示の規制についても，株式会社に比べて簡素化されている。ただし，合同会社は有限責任社員のみからなるという点では株式会社と共通しており，合名会社・合資会社に比べると，会社財産を確保するという要請から多少厳格かつ詳細な規定が設けられている。

　一方，株式会社は，本来，大規模な事業活動を行うために，多額の資金を調達することが可能となるような仕組みを備えた組織であり，その主要な特徴として，(1)社員である株主の責任は有限であること，(2)株式を自由に譲渡できること，(3)所有と経営が分離していることなどを挙げることができる。現在の経済社会で最も重要な役割を果たしている会社形態は，株式会社である。そこで，以下では，会社法における株式会社の会計規定について述べる。

② 株式会社の会計規定

　従来，商法に定められていた株式会社の会計規制は，平成17年（2005年）7月に公布された会社法の施行に伴い，会社法で規定されることになった。会社法の第2編第5章「計算等」（会431条〜465条）には，株式会社の会計規定が設けられている。さらに，会社法施行規則，会社計算規則，電子公告

規則などの法務省令にも関係規定が設けられている。会社法による株式会社の会計規制は，(1)現在の株主および債権者を中心とした利害関係者に会社の財務内容を開示すること，および(2)剰余金の配当規制を課すことを，その主要な目的としている。これらの問題を中心に会社法に定める株式会社の会計規定の内容を説明する。

(a) 情報開示
(i) 会計の包括規定

まず，株式会社の会計規定の冒頭には，「株式会社の会計は，一般に公正妥当と認められる企業会計の慣行に従うものとする」（会431条）と規定され，株式会社会計の包括規定が表明されている。この包括規定の導入は，今後「企業会計基準委員会」に代表される会計基準設定機関が開発する企業会計の諸基準を，会社法が尊重するという立場を明確に示したものと解される。

(ii) 会計帳簿

株式会社は，適時に正確な会計帳簿（日記帳，仕訳帳，元帳など）を作成し（会432条），10年間保存しなければならない（同2項）。

(iii) 計算書類等
(ア) 計算書類等の作成

会社法によると，株式会社は各事業年度に係る計算書類および事業報告ならびにこれらの附属明細書を作成しなければならない。ここで計算書類とは，貸借対照表，損益計算書，株主資本等変動計算書，個別注記表をいう（会435条2項，計規59条1項）。これらの計算書類に事業報告および附属明細書を加えたものを計算書類等という。計算書類等は，電磁的記録をもって作成することができる（会435条3項）。

(イ) 計算書類等の監査

これらの計算書類等は，監査役設置会社の場合には監査役の監査を受けなければならない（会436条1項）。また，会計監査人設置会社においては，

計算書類および附属明細書について監査役（委員会設置会社の場合には監査委員会）および会計監査人の監査を受け，事業報告およびその附属明細書について監査役（委員会設置会社の場合には監査委員会）の監査を受けなければならない（同2項）。

(ウ) 計算書類等の確定・公告

監査を受けた計算書類と事業報告は定時株主総会に提出され，そのうち計算書類は総会の承認を得た後に確定される（会438条）。なお，会計監査人設置会社の場合は，計算書類の定時株主総会での承認は不要であり，取締役会で確定できるが，その場合には，取締役は計算書類の内容を定時株主総会で報告することを要する（会439条）。さらに，定時株主総会で承認を受けた計算書類は，総会の承認後遅滞なく貸借対照表を（大会社では損益計算書も）公告しなければならない（会440条1項）。その公告方法が官報または日刊新聞紙に掲載する方法である会社は，その要旨を公告すれば足りる（同2項）。

(iv) 連結計算書類

(ア) 連結計算書類の作成

会社法では，会計監査人設置会社であれば，会社の規模を問わず，連結計算書類を作成することができる（会444条1項）としたうえで，大会社であって，有価証券報告書の提出会社は，連結計算書類を作成する義務を負うと定めている（同3項）。ここでいう連結計算書類は，連結貸借対照表，連結損益計算書，連結株主資本等変動計算書，連結注記表からなる（計算規則61条）。

従来，大会社について連結貸借対照表と連結損益計算書の作成が要求されていたが（商特19条の2第1項），会社法では，会計監査人設置会社は，連結計算書類を作成することができるとしたうえで，その体系が拡充され，新しく連結株主資本等変動計算書と連結注記表が追加されている点が注目される。

(イ) 連結計算書類の監査

連結計算書類は，法務省令（計規149条以下）で定めるところにより，監査役（委員会設置会社では監査委員会）および会計監査人の監査を受けなければならない（会444条4項）。会計監査人設置会社が取締役会設置会社である場合には，前項の監査を受けた連結計算書類は，取締役会の承認を受け

なければならない（同5項）。

(ウ) 連結計算書類の開示

取締役は，計算書類と同様に，監査を受けた連結計算書類を定時株主総会の招集通知に際して法務省令（計規134条）に定めるところにより，株主に提供し（会444条6項），定時株主総会に提出・提供して，連結計算書類の内容および監査結果を報告しなければならない（同7項）。

(b) 配当規制

株式会社においては，その主要な特質である株主有限責任制から，会社債権者にとって唯一の担保となる会社財産を維持することが重要な課題となる。そのため，会社法は，会社債権者を保護する目的で，株式会社が会社財産を株主に配当などにより払い戻す（分配する）ことが可能な上限額を「分配可能額」として限定し，それを超える分配を禁止しているのである。

会社法は，(1)剰余金の配当（会461条1項8号）——これには，改正前商法にいう利益配当や中間配当，資本金および準備金の減少による払い戻しも含まれる——と，(2)自己株式の有償取得のうち所定の場合（会461条1項1号〜7号）を，会社財産の流出を伴う点で共通するとみて，「剰余金の配当等」として整理し，統一的に財源規制をかけている。この財源規制は，剰余金の「分配可能額」を算定し，その範囲内で剰余金の配当等を行うことを許容するという仕組みを有する。剰余金の配当等に係る分配可能額は，剰余金の額（前期末剰余金——その他資本剰余金とその他利益剰余金の合計額——から出発して分配時点の剰余金を算定する）を算定し，一定の調整を加えて求める。

会社法では，このようにして算定された分配可能額の範囲内で剰余金の配当を行う限り，必ずしも回数を制限する必要はなく，年に何回でもこれを行うことができる。ただし，純資産額が300万円を下回る場合には，剰余金があっても配当することはできない（会458条）。

(5) 金融商品取引法会計

① 金融商品取引法の目的

金融商品取引法は，従来の証券取引法（1948年制定）を引き継いで2006年（平

成18年)に改正された法律である。証券取引法は,アメリカの1933年証券法および1934年の証券取引所法をモデルにして,有価証券の発行および売買その他の取引を公正にし,かつ有価証券の流通を円滑にすることを目的とし,もって国民経済の適切な運営と投資者の保護に資するために制定されたものである。

これに対して,金融商品取引法は,有価証券の取引だけでなく,さまざまな金融商品の取引も幅広く規制の対象としており,「有価証券の発行及び金融商品等の取引等を公正にし,有価証券の流通を円滑にするほか,資本市場の機能の十全な発揮による金融商品等の公正な価格形成等を図り,もって国民経済の健全な発展及び投資者の保護に資することを目的とする」(金商法1条)と規定している。ここでは,投資家を保護するために,企業内容等の開示制度(ディスクロージャー)の整備がその主要な役割の1つとなる。

金融商品取引法会計は,こうした投資家保護を目的とする金融商品取引法およびその関連法令により規制される会計をいう。

② 企業内容開示制度

金融商品取引法上の企業内容開示制度は,有価証券の発行市場における規制と流通市場における規制とに分けられる。

(a) 発行市場の開示規制

これは,会社が新規に有価証券を発行して資金調達する場合に要求される情報の開示規制である。すなわち,会社が発行価額または売出価額の総額が1億円以上の有価証券を募集または売り出す場合には,「有価証券届出書」を内閣総理大臣に提出するとともに,その写しを証券取引所などに提出する義務を負う(金商法4条)。

(b) 流通市場の開示規制

これは,流通市場で証券取引を行う投資家の投資判断に資するために,一定の会社に対して要求される継続開示規制である。すなわち,上記の届出をした会社,金融商品取引所への上場会社,および店頭売買有価証券の発行会

社等は，毎決算期経過後3か月以内に「有価証券報告書」を内閣総理大臣に提出するとともに，その写しを証券取引所などに提出する義務を負う（金商法24条）。

(c) 財務諸表

金融商品取引法上の企業内容開示制度において提出が要求される有価証券届出書や有価証券報告書などの報告書の中心部分をなすのは，「財務計算に関する書類」つまり財務諸表である。

有価証券届出書および有価証券報告書には，連結財務諸表および財務諸表を掲載しなければならない。連結財務諸表および財務諸表の種類には次のものがある（連結財規1条1項，69条の3，財規1条1項）。

連結財務諸表	財務諸表
① 連結貸借対照表	① 貸借対照表
② 連結損益計算書	② 損益計算書
③ 連結包括利益計算書（連結損益及び包括利益計算書に替えることもできる）	③ 株主資本等変動計算書
④ 連結株主資本等変動計算書	④ キャッシュ・フロー計算書
⑤ 連結キャッシュ・フロー計算書	⑤ 附属明細表
⑥ 連結附属明細表	

なお，連結財務諸表を作成している会社は，（個別ベースの）キャッシュ・フロー計算書を作成することを要しない（財規111条）。

従来の企業内容開示制度では，個別財務諸表（個別情報）が主で，連結財務諸表（連結情報）が従であったが，近年特に顕著にみられる子会社・関連会社などを通じての事業内容の多角化とグローバル化の急速な進展を背景にして，企業集団全体の業績の把握が重視されるために，現在では，それが逆転し，「連結財務諸表が主で，個別財務諸表が従」となっている。これらの各種財務諸表については，公認会計士または監査法人による監査を受けなければならない。

さらに，これまで証券取引法適用会社は半期報告書の作成が要求されてい

たが，金融商品取引所に上場されている有価証券の発行会社である会社その他法令で定めるもの（以下，上場会社等）は，金融商品取引法24条の4の7によって，従来の半期報告書にかえて，事業年度の期間を3か月ごとに区分した各期間（四半期）の経過後45日以内に，四半期報告書を内閣総理大臣に提出しなければならなくなった。ただし，上場会社等以外の会社は，従来通り半期報告書を提出しなければならない。

以上のように，金融商品取引法会計は，投資家に対して投資意思決定のために有用な財務情報を開示することを目的として，特に企業の経済的実態に適合した情報の適正かつ適時な開示を推進することを重視しているのである。

なお，後述するように，国際化への対応として2010年3月から，特定の条件を満たす上場企業に対してIAS/IFRSに基づく財務諸表の作成が許容されている。

(6) 税務会計

現行の企業会計制度においても，課税所得の計算システムとしては，従来通り，確定決算主義が採用されている。すでに述べたように，確定決算主義とは，企業会計，つまり（現在では）会社法上の確定決算における企業利益を基礎にして，税法固有の規定に基づく調整計算を行うことにより課税所得を算定する原則をいう。

法人税法上，確定決算主義が採用される主要な理由の1つは，法人税法が自己完結的にかつ網羅的に課税所得を計算する場合には必要になるであろう膨大な数の規定を設けることを避けることができるということである。いま1つの理由は，法人の取引のうち，外部取引については，客観的で検証可能な証拠に基づく処理が期待されるが，減価償却，評価損の計上，引当金・準備金の設定などの内部取引については，法人の意思によって経理処理が行われるので，その経理処理が当該法人の最高意思決定機関である株主総会で承認されたものであれば，この経理処理＝「損金処理」を認めるという点である。このように，法人税法上，確定決算上で損金処理を行うことを要件として，損金算入が容認されることになるために，企業がこの可能性を損金算入目的で利用する場合には，企業利益の計算は不当に税務計算によって侵害さ

れることにならざるをえない（「逆基準性」）。ただし，先にも述べたように，現在では，準備金などの設定について剰余金処分方式を適用することが許容されるために，このような弊害はいくぶん緩和される方向にある。

(7) まとめ

　従来の日本の企業会計制度では，商法，証券取引法および法人税法という3つの法システムは商法を中核として相互に密接に結び付き，「トライアングル体制」と呼ばれる「連携型会計制度」を形成してきた。これに対して，現行の企業会計制度のもとでは，会社法では，経営者の受託責任の履行という視点から，現在の株主と債権者の保護ないし利害調整のための情報の開示と債権者保護のための配当規制（分配規制）が定められ，金融商品取引法では，投資家保護の見地から，投資意思決定のために有用な情報開示規制が定められ，さらに法人税法では，課税所得の計算が規制されるというように，それぞれ棲み分けが図られ，規制の分化が見受けられる。確かに，会社法会計に中心が置かれているようにも思われるが，実態としては「分離型会計制度」が採用されていると考えられる。この点に従来の企業会計制度との異質性が認められる。

3 ▶ イギリスの企業会計制度

(1) イギリス企業会計制度の特質

　イギリスの企業会計制度の主要な特質として，次の諸点を指摘することができる。
① 　企業会計規制に関して，法律（特に会社法）に最小限度の規定を設ける一方で，民間の職業会計士団体（プライベート・セクター）が会計基準を設定するうえで重要な役割を果たしている点である。イギリスでは，従来から職業会計士が高い専門的能力を有し，また，そのために高い社会的信頼性を有しているといわれる。
② 　高度化した証券市場からの資金調達方式（直接金融方式）の普及を背

景に，特に投資家保護を主要な会計目的として，投資意思決定のために有用な企業の経済的実質を反映した情報を開示することが重視されている点である。
③ 上記の②に関して，連結会計が比較的早くから普及し，すでに1928年会社法に取り入れられていた点が注目される。
④ 企業会計と税務が分離されているため，課税所得の計算は税法固有の規定に従って行われ，企業利益の計算が税務上の要請によって影響されることはない。

これらの事柄は，とりもなおさず，イギリスの企業会計制度が英米型会計としての基本的特質を有することを表明したものにほかならない。このようにして，イギリス企業会計制度は，歴史的には，英米型会計の原型をなすものとして発展してきたのである。

(2) イギリス企業会計制度の枠組み

イギリスの企業会計制度は，会社法（Companies Acts）と職業会計士団体の設定した会計基準によってその枠組みが形成されている。すなわち，イギリス企業会計制度は，会社法によって法的枠組みが形成され，その枠組みのもとで，イングランド・ウェールズ勅許会計士協会（Institute of Chartered Accountants in England and Wales：ICAEW）の会計基準委員会（Accounting Standards Committee：ASC）が設定した「基準会計実務書」（Statements of Standard Accounting Practice：SSAP），そして1990年8月からは会計基準審議会（Accounting Standards Board：ASB）が設定した「財務報告基準」（Financial Reporting Standards：FRS）が会計実務の具体的指針としての役割を担ってきた。

その後，2012年に財務報告評議会（Financial Reporting Committee：FRC）の改組により，会計基準の設定機関はASBからFRCへ移行し，現在に至っている。

そこで，以下においては，イギリス会社法における会計規制の仕組みとその展開方向について説明し，そのうえで，そのような会社法の枠組みのもとで，職業会計士団体による会計基準がどのように設定され，展開してきたか

について検討する。

(3) 会社法
① 会社法の展開
イギリス会社法は，従来，1948年会社法を基本法としてきたが，その後1967年法，1976年法，1980年法および1981年法により改正が行われた。これら一連の改正は，1985年法（基本法）において集大成され，さらに1989年に改正が行われている。これらのうち，特に1981年法と1989年法は，EC会社法指令の国内法化に伴う改正であった（なお，イギリスはすでに1973年に欧州共同体（EC）に加盟した）。すなわち，第4号指令（「一定の会社形態の財務諸表」）については，1981年法とそれをそのまま踏襲した1985年法によって国内法化が行われ，また第7号指令（「連結財務諸表」）は1989年法によって国内法化が行われたのである。その後，会社法の現代化に向けた作業が実施されることになり，その結果として，1985年会社法が全面的に改正され，ここに2006年会社法が制定されることになった。

② 「真実かつ公正な概観」の原則
イギリスの会社法は，伝統的に，財務諸表作成の基本理念として「真実かつ公正な概観」（true and fair view：TFV）の原則を明定している。これを上記の1948年会社法についてみると，その149条に，「貸借対照表および損益計算書は，会社の財政状態および損益状況について真実かつ公正な概観を提供しなければならない」として，この基本原則が定められている。この原則は，法形式（法規定）を越えて，企業の経済的実質に適合した情報の開示を要請する原則であり，それ自体包括原則としての性格を有するものであると解される。

③ 1985年会社法
このTFVなる包括原則は，1985年会社法でも，従来と同様に，財務諸表の作成に関する基本原則として規定されている（228条2項）。しかし，ここでは，それとともに，（会社法）第4附則（第4スケデュール）において，

新しく会計原則，会社計算に関する一般規則（継続企業の前提，継続性の原則，慎重性の原則，発生主義の原則），財務諸表の表示形式，評価規則（歴史的原価会計規則および代替的会計規則：現在原価会計規則），注記の記載事項などの諸規則が明定されている。このようにして，1985年会社法では，成文法主義に立脚する大陸法システムへの接近が企てられているのである。この点に1985年会社法の主要な特徴の1つを見出すことができる。

1985年会社法の第2の特徴として，この「真実かつ公正な概観の原則」の導入に関して，本法で特に次の2点が明定されている点を挙げることができる。第1に，従来も，この基本原則は会社法上の他の諸規定に優先する原則（最優先の原則）と解されていたが，本法では，この点が明定されることになったことである。第2に，これと関連してこの原則は，次の2つの規定によって補強されている点である。すなわち，(1)会社法上明文規定の適用だけでこの原則の実現（つまり真実かつ公正な概観の提供）のために十分でない場合には，それを越えて必要な追加的情報の開示が要求されること，さらに(2)特別な事情のために，これらの規定の適用によりこの原則の実現が妨げられる場合には，その規定からの離脱が要求されることになる。

ここでは，上記の第1の特徴に関連して，この基本原則が大陸型法システムのように成文法システムに基づく法体系のなかに導入された場合の法規定の仕方が示されたものとして注目される。

さらに，1985年会社法の第3の特徴として，本法では，財務諸表の作成規則や表示規則についてやや詳細な規定が設けられる一方で，第4号指令で容認されている立法選択権が極めて広範に行使されている点を指摘することができる。特に第4号指令にみられる2つの貸借対照表様式と4つの損益計算書様式がそのまま取り入れられている点，さらに評価に関する歴史的原価会計（原則的方法）と現在原価会計（代替的方法）という2つの異質的な方法が採用されている点は，本法がこれらの問題を法制化するにあたっても，規定適用上の弾力性が確保されるように配慮したものとして注目される。その意味では，この1985年会社法は，第4号指令の枠内ではあるとしても，立法選択権を十分に活用して，アングロ・サクソン法的特質（英米法的特質）をいぜんとして堅持しているものとみることができる。

④ 1989年会社法
(a) 連結財務諸表

上述のように，1989年法では，1985年会社法（基本法）が一部改正され，EC第7号指令「連結財務諸表」の国内法化が図られている。従来の基本法たる1948年会社法では，連結財務諸表について，個別財務諸表と同様に，例えば，連結の範囲や投資消去差額の処理などの具体的な問題については，何ら特別な規定は設けられず，大枠だけが規定されていたにすぎない。その後，1967年法による改正により，連結財務諸表の開示面で一部改善されたが，その規制内容は1948年法と基本的に同じであった。そのようななかで，（後に説明する）ASCは，連結財務諸表の作成に関する具体的な実務指針を提示するために会計基準の設定を企て，その成果として1978年9月にSSAP第14号「連結財務諸表」(Group Accounts) を公表した。このSSAP第14号の公表後，1983年6月にEC第7号指令が採択されたことに伴い，その国内法化のために本法で1985年会社法の改正が行われ，会社法の関係規定とSSAP第14号との差異の調整が図られたのである。この両者の重要な差異の1つとして，ここでは，子会社の定義を指摘しておく。SSAP第14号では，子会社は議決権の過半数所有と取締役会の構成の支配に基づき定義されているのに対して，1989年法では，子会社は実質的な支配力基準に基づいて定義されている。

(b) 「会計基準」の法的地位の明確化

さらに，1989年法では，「会計基準」という文言が会社法に導入され，その法的地位が明確にされるとともに，その内容が規定されている点が注目される（256条）。

⑤ 2006年会社法

上述のように，1985年会社法は，その成立後部分的な改訂を重ねてきたが，1990年代よりその現代化に向けた全面的改訂作業が実施されることとなった。その結果として成立したのが「2006年会社法」である。現在の会社法は，この2006年改正会社法がそのベースとなっている。これは，会社法に関する総合法典であり，計47部から構成されている。条文数は1300条に及んでいる。

ここでは，会社が作成する計算書類等に関して，第15部に「計算書類および報告書」(380条から474条)が規定さている。

それによれば，まず，会社が作成する計算書類（個別計算書類および連結計算書類）に関して，それらが資産，負債，財政状態および損益に係る真実かつ公正な概観を提供することが保証されない限り，取締役はこれを承認してはならないとし（393条），「真実かつ公正な概観」の原則を明定している。

次に，個別計算書類の作成に適用される会計フレームワークとして，(a)会社法396条に従う方法と，(b)国際会計基準に従う方法を指示している（395条）。このうち，会社法396条に従う方法によれば，貸借対照表，損益計算書，およびそれらの注記からなる計算書類が作成されること，そして，これらのみで真実かつ公正な概観が提供できない場合には，必要な追加情報が付記されること，さらに，これらに従った場合でも真実かつ公正な概観が提供できないような特定の状況のもとでは，真実かつ公正な概観が提供できる範囲でこれらから離脱する旨が規定されている（396条）。また，(b)国際会計基準に従う場合には，その旨を個別計算書類に注記することとされている（397条）。

さらに，連結計算書類の作成に関しては，規模別規制の見地から，まず，親会社が小会社規制に該当する場合には，連結計算書類の作成について選択権を与えている（398条）。また，この規制に該当しない会社は，原則として，連結計算書類の作成が義務づけられることになる（399条）。その際に，連結計算書類の作成に適用される会計フレームワークとして，(a)IAS規則第4条に従う方法と，(b)IAS規則の適用を受けない会社に関しては，会社法404条に従う方法を指示している（403条）。このうち，IAS規則により，国際会計基準に従って連結計算書類を作成する会社に関しては，連結計算書類が国際会計基準に従って作成されている旨を注記することとしている（406条）。また，会社法404条に従う方法によれば，連結貸借対照表，連結損益計算書，およびそれらの注記からなる計算書類が作成されること，そして，これらのみで真実かつ公正な概観が提供できない場合には，必要な追加情報が付記されること，さらに，これらに従った場合でも真実かつ公正な概観が提供できないような特定の状況のもとでは，真実かつ公正な概観が提供できる範囲でこれらから離脱する旨が規定されている（404条）。

(4) 会計基準
① 会計基準の展開

イギリスでは，1960年代末までは，会計基準として，ICAEW―民間の職業会計士団体―から公表された「会計原則勧告書」（Recommendations on Accounting Principles）が存在していた。しかし，これは当時の会計実務を要約したものにすぎず，会計実務の指針として必ずしも十分に機能しなかった。

そこで1970年代に入ると，こうした事態を是正し，会計実務の指針として役立つ会計基準を開発するために，前出のICAEWは会計基準運営委員会（Accounting Standards Steering Committee：ASSC）を設置した。ASSCは，その後，ASCと改称された。ASCは，当時，イギリスにおける6つの会計士団体の代表者からなる合同委員会として編成された。すなわち，(1)ICAEW，(2)スコットランド勅許会計士協会（Institute of Chartered Accountants in Scotland：ICAS），(3)公認会計士協会（Association of Certified Accountants：ACA），(4)アイルランド勅許会計士協会（Institute of Chartered Accountants in Ireland：ICAI），(5)原価・管理会計士協会（Institute of Cost and Management Accountants：ICMA），(6)公共財政・会計勅許会計士団体（Chartered Instituted of Public Finance and Accountancy：CIPFA）である。そして，1974年に，これらの会計士団体からなる会計士団体合同諮問委員会（Consultative Committee of Accountancy Bodies：CCAB）が設立された。その後1976年から，ASCは，このCCABの1つの委員会として活動し，SSAPの設定作業に従事することになった。しかしSSAPは会社法上法的な地位を与えられていなかった。

② 会計基準審議会（ASB）の設置と財務報告基準（FRS）の設定

1990年2月に，イギリス政府は，1989年会社法256条3項の規定に基づいて，新たな会計基準設定機関としてASB，財務諸表の適正性を判断する機関として財務報告違反審査会（FRRP），さらにそれらの機関を所管するFRCを設置する旨を公表した。

そのようななかで，ASCは，1990年8月に，ASBに組織替えをした。そして，ASBは，ASCが公表した22のSSAPを会計基準として採択した。ASBが公

表する会計基準はFRSと呼ばれる。このようなイギリスの会計基準は民間の基準設定機関により設定されるが，上述のような会社法の強行規定に基づいて法的権威が付与される点に留意すべきである。

ASBによる会計基準の設定活動は，新たに会計基準を開発することに加えて，会計基準の国際的調和化または統一化の観点からイギリス基準のコンバージェンスを推進することにも向けられた。

③ 財務報告評議会（FRC）の強化と新会計基準の設定

イギリス政府は，2004年に，FRCの権限を強化し，会計基準の開発に責任を負う単独の規制当局とする改革を行うことを決定した。2012年7月に，この改革は実施され，それによりASBは会計基準設定機関としての役割を終えることとなった。

そのようななかで，FRCは，イギリスにおける新たな会計基準の枠組みの一部として，次の3つの会計基準を公表した。

- FRS100：「財務報告規定の適用」（2012年12月）
- FRS101：「減免開示のフレームワーク」（2012年12月）
- FRS102：「イギリスおよびアイルランド共和国で適用される財務報告基準」（2013年3月）

このうち，FRS100は，イギリスにおいて適用可能な法令，規則，会計基準に準拠して財務諸表（個別および連結）を作成する企業に対して適用可能な財務報告の枠組みを定めたものである。これによれば，IFRSに準拠して財務諸表を作成することが要求されない場合には，中小企業向け会計基準（Financial Reporting Standard for Smaller Entities : FRSSE）を使用することが認められる企業に限り，FRSSEを適用する。FRSSEを使用しない企業に対しては，FRS102，IFRS，あるいはFRS101を適用する。FRS101は，EU-IFRSを適用する企業の個別財務諸表に対する開示の簡素化を定めたものである。そして，FRS102は，これまで公表された会計基準を引き継ぐものであり，今後イギリスで適用される会計基準（"UK-GAAP"）となり，2015年1月1日以降開始する事業年度から適用されることになる（早期適用も認められている。EU-IFRSについては9章3を参照）。

④ 財務諸表の種類

会社法上作成が要求される財務諸表は，個別財務諸表としては，貸借対照表，損益計算書および附属説明書である。また連結財務諸表としては，連結貸借対照表，連結損益計算書および連結附属説明書である。さらに，EU-IFRS を適用する企業に関しては，同基準で適用される財務諸表が作成されることになる。

4 ▶ アメリカの企業会計制度

(1) アメリカ企業会計制度の特質

アメリカの企業会計制度の主要な特質として，以下の諸点を指摘することができる。

① 伝統的に，公法としての証券法および証券取引所法を基本にして，会計規制の法的な枠組みが形成され，後者の証券取引所法によって設置された証券取引委員会（Securities and Exchange Commission：SEC）がその運営を行っている点である。なお，私法である会社法は，各州ごとに制定されているが，ここでは，財務報告に関する具体的かつ詳細な規定は設けられていない。

② 上記の証券2法による会計規制に関連して，特に高度に発達した証券市場からの資金調達方式（直接金融方式）の普及を背景に，投資家保護を主要な目的として，情報開示（ディスクロージャー）が重視されている点である。

③ 会計原則（会計基準）の設定の役割は，アメリカ会計士協会（American Institute of Accountants：AIA）の会計手続委員会（Committee on Accounting Procedure：CAP）をはじめ，アメリカ公認会計士協会（American Institute of Certified Public Accountants：AICPA（1957年 AIA より改称））の会計原則審議会（Accounting Principles Board：APB），さらに1973年以降はFASBなど，プライベート・セクターに属する機関が担ってきたが，これらの設定機関により開発される会計基準

は，SECによって権威あるものとして支持されるという枠組みが一貫して保持されている点である。
④　企業会計と税務が分離されているため，課税所得の計算は税法固有の規定に基づいて行われ，企業利益の計算が税務上の要請によって影響を受けることはないという点である。

これらの事項は，アメリカの企業会計制度の基本的な枠組みが英米型会計としての特質を有するものであることを示すものである。

(2) 企業会計制度の基盤の形成
―1933年証券法・1934年証券取引所法の制定

アメリカにおける企業会計制度の基盤が形成される契機となったのは，1929年の大恐慌である。この大恐慌は，ニューヨーク証券取引所における株価の大暴落が引き金となって起こったために，何よりも，証券市場を再建し，経済の復興を図ることが必要となった。また，それに関連して，投資家保護の見地から投資意思決定のために有用な情報開示（ディスクロージャー）を推進することが社会的に要請された。そして，そのために2つの法律が制定された。1933年の証券法（Securities Act）と1934年の証券取引所法（Securities Exchange Act）である。そして，後者の証券取引所法に基づいて，SECが設置され，ここに，アメリカにおける法的な会計規制の枠組みが構築されたのである。

このように，アメリカにおける企業会計制度は，私法である会社法ではなく，公法としての証券法および証券取引所法を基本として形成され，連邦政府の独立準司法的行政機関であるSECによって制度上の運営が行われているところにその特徴が見出される。

(3) 証券取引委員会（SEC）による会計規制
① 会計規制の枠組み

上記の証券2法により，投資家保護の目的から，会社が，新規に株式を募集する際に提出すべき有価証券届出書に，また上場証券および店頭取引証券の発行会社が毎決算期に提出すべき有価証券報告書に，それぞれ公認会計士

による監査済みの財務諸表を添付すべき旨が規定され，また財務諸表は，証券取引所法により設置されたSECの定める諸規則に従って作成することが要求された。

② SECの組織

SECは，1934年の証券取引所法（4条）に基づいて，投資家保護を目的として創設された連邦政府の独立準司法的行政機関（準司法的権限および規則制定権を有する行政機関）であり，アメリカにおける証券取引に関して強力な権限を有している。SECは，上院の同意を得て，大統領が任命する5人の委員から構成される。任期は5年であるが，毎年1人ずつ任期が満了する構成になっている。委員長は大統領が指名する。委員会は，毎年その活動状況につき連邦議会に年次報告書を提出する。これは公刊される。

③ SECの業務

SECは，証券取引に関連して会計用語の明確化，会計原則（会計基準）の設定，財務書類の内容や様式の設定等に関して広範な権限を有している。この権限に基づいて，SECは，上記の証券2法により提出が要求される財務諸表の様式や作成方法を定めた「レギュレーションS-X」（Regulations S-X）を制定し，また財務諸表以外の財務情報の様式等について定めた「レギュレーションS-K」を制定した。SECはまた，会計・監査上の諸問題の具体的な解釈指針を記載した「会計連続通牒」（Accounting Series Releases：ASR）を必要に応じて公表し，企業会計制度の整備・充実を図っている。

さらに，SECは，1982年に「財務報告通牒」（Financial Reporting Releases：FRR）第1号を公表して，ASRの見直しを行い，その後は会計・監査に関する解釈指針をこのFRRによって表明することにした。

それに加えて，SECは，会計士の処分等について「会計・監査執行通牒」（Accounting and Auditing Enforcement Releases：AAER）を公表するなどしている。

現在，SECに提出される財務諸表の体系は，貸借対照表，損益計算書，株主持分計算書，キャッシュ・フロー計算書および附属明細表の5つからなり，

これらは連結基準で作成されることになる。

(4) アメリカにおける「一般に認められた会計原則」(GAAP) の設定(1)

① 会計基準設定機関の変遷

会計原則（会計基準）の設定について，SECは，1938年のASR第4号により，民間の職業会計士団体（プライベート・セクターに属する）に事実上委任するという方針をとってきた。

(a) AIAのCAP

これを受けて，その当時のAIAは，CAPを設置し，「一般に認められた会計原則」(Generally Accepted Accounting Principles：GAAP) の探求を試みた。CAPは，1959年に廃止されるまでの間，会計上の諸問題を取り上げ，これについての公式見解として51篇の会計研究公報（Accounting Research Bulletins：ARB) を公表した。これは，具体的な形で表明された会計原則であるといわれたが，実際には，当時の会計手続の一覧表を会計原則として公表したものにすぎず，必ずしもGAAP自体の確立を探求したものではなかった。

(b) AICPAのAPB

そこで，AIAは，1957年に名称をAICPAと改めた後に，1959年に新しくAPBを設置し，積極的に会計原則の探求を企てた。

APBの会計原則に関する公式見解は，「APBオピニオン」として31篇の意見書（APB Opinions) が公表され，SECから「実質的に権威ある支持を受けている」ものとみなされたことで，間接的な強制力を付与されていた。

しかしながら，1960年代後半になると，1つの職業会計士団体であるAICPAの内部組織にすぎないAPBが単独で会計原則を設定することに対して各方面から批判が高まり，その結果，他のいかなる組織からも独立したプライベート・セクターに属するFASBが1972年に設置され，アメリカにおける新しい会計基準設定体制が確立することになったのである。

なお，APBは，1973年までに31号の「APBオピニオン」を公表したほか，

拘束力を有しないステートメント（APB Statements）を4号発表した。

② 財務会計基準審議会（FASB）体制の確立
(a) FASBの組織

　FASBは，アメリカにおける現在の会計基準設定機関であり，1973年に設置された。FASBは，財務会計財団（Financial Accounting Foundation：FAF），財務会計基準諮問委員会（Financial Accounting Standards Advisory Council：FASAC）とともに，財務会計基準設定体制を形成している。FASBは，FAF理事会によって任命されるメンバーから構成され，全員常勤・有給である。その資格については，FAF理事会の判断で，会計・財務・経営に精通している者であればよいとされている。ただし，FASBのメンバーの独立性を保持するために，メンバーになる以前に所属していた組織（会計事務所や関係機関）との関係を絶つことが要請される。

(b) FASBの会計基準の強制力

　上述のように，FASBは，プライベート・セクターに属するが，そのようなFASBの発行する会計基準に強制力をもたせているのが，SECである。SECは，FASBの設置後すぐにASR第150号を公表して，FASBの会計基準が「実質的な権威ある支持」を有するものであることを表明した。さらに，FASBの会計基準に従わない財務諸表に対して，AICPAの会員は監査意見を表明してはならないとするAICPAの倫理コードもまた，FASBの会計基準に強制力を与えている。

(5) アメリカにおける「一般に認められた会計原則」（GAAP）の設定(2)—FASBによる展開

① FASBの公式文書

　FASBは，主要な公式文書（プロナウンスメント）として，財務会計基準書（Statements of Financial Accounting Standards：SFAS：いわゆる会計基準），解釈書（Interpretations），技術公報（Technical Bulletins），および財務会計概念報告書（Statements of Financial Accounting Concepts：

SFAC）を作成・公表している。

このうち，SFASは財務会計ないし財務報告上の重要な問題について会計基準を表明した文書であり，SECやAICPAによって，この基準書等の会計実務に対する強制力は保証されているとみられる。

これに対して，SFACは，SFASのように，現行の会計実務に対する強制力のある会計基準という性格をもつものではなく，財務会計基準ないし財務報告基準の基礎となる根本原理を明らかにすることを目的としている。もっと具体的にいえば，この報告書は，FASBが財務会計基準ないし財務報告基準を形成する場合に用いる基本目的および諸概念を明らかにしている。後に説明するように，1978年に第1号「営利企業の財務報告の基本目的」が公表されて以来，現在までに8号が公表されている。

② FASBによる会計基準設定プロセスの特徴

FASBによる会計基準の設定プロセスの特徴は，通常の場合，「審議事項の決定」→「討議資料の発行」→「公聴会の開催」→「公開草案の公表」→「会計基準書の確定」→「確定後の見直し」という一連のすべての段階において利害関係者が参加できるように配慮されている点にある。その意図するところは，利害関係者を基準設定プロセスに広く参加させることによって会計基準に関する社会的コンセンサスを形成し，当該会計基準の正当性および規範性を高める点にある。

このような会計基準設定プロセスは，「正規の手続」（due process）といわれ，アメリカにおける会計基準設定の特徴としてしばしば指摘される点である。上記のようなSFASおよびその解釈書は，こうした「正規の手続」を経て公表されたものである。

③ 会計基準の体系化

上述のように，SFASは，FASBにより設定・公表された会計基準であり，1973年にFASBが設置されて以来，2009年6月までに168（改廃分を含む）の基準書が設定・公表されている。

そのようななか，FASBはこれまで公表されてきた会計基準を再構成

し，すべての権威ある会計基準（authoritative GAAP）を体系化する作業（codification）に着手し，2009年6月にこれを確定した。この作業により，非政府機関の会計処理に適用される権威ある会計基準が一元化され，利用者の会計基準へのアクセスを容易にすることができる。それによると，GAAPを構成する権威ある会計基準がおよそ90のトピックスにまとめられ，その下部構成としてサブトピック，セクション，パラグラフという階層が置かれ，会計基準体系（Accounting Standards Codification : ASC）として会計基準の再構築が図られている。

ASCにおいて，GAAPを構成する権威ある会計基準に含まれるものには，ARB，APBオピニオン，SFAS，解釈書，FASBのスタッフポジション，さらにはSECによって公表されたレギュレーションS-X，FRR，ASRなどがある。これら権威のある見解の範囲内によって会計処理上の特定の指針が得られない場合には，権威のない（nonauthoritative）その他の会計指針および文献に基づき検討されることになる。権威のないその他の会計指針および文献には，一般にまたは業界において広く認識され普及した実務，SFAC，AICPA論点資料，IFRS，専門団体あるいは規制当局の公式見解，AICPAの専門的実務手引書に含まれる専門情報サービスの質疑応答，会計学のテキスト・ハンドブック・論文が含まれる。

(6) アメリカにおける財務報告

すでに述べたように，アメリカにおける財務報告は，1933年証券法および1934年証券取引所法によって法的に規制されている。このうち後者によると，証券取引所上場会社および店頭売買有価証券の発行会社は，年次報告書（Annual Report）をSECに提出しなければならないが，これには，GAAPに準拠して作成された下記の基本財務諸表を記載しなければならない。

① 貸借対照表（Balance Sheet）
② 損益計算書（Income Statement）
③ キャッシュ・フロー計算書（Statement of Cash Flows）
④ 株主持分計算書（Statement of Stockholders' Equity）

さらに，「財務諸表注記」がこれらの財務諸表の重要な一部分を構成する。

また，これらの財務諸表は連結財務諸表とするのが原則である。

これらの財務諸表の様式・内容等については，上述したSECの制定する「レギュレーションS-X」に規定されている。

5 ドイツの企業会計制度

(1) ドイツ企業会計制度の主要な特質

ドイツの企業会計制度の主要な特質として，次の諸点を指摘することができる。

① ドイツの企業会計制度は，商事一般法としての商法典（Handelsgesetzbuch：HGB）の会計規定によってその骨格が形成され，かつその規定の空白部分を「正規の簿記の諸原則」（Grundsätze ordnungsmäßiger Buchführung：GoB）によって補完するという形をとって存立している。このように商法典に基づく成文法主義を基調としているところに，ドイツ企業会計制度の主要な特徴の1つを見出すことができる。ここにいうGoBとは，通常，「空白にされた立法部分」ないし「不確定の法概念」（unbestimmte Rechtsbegriffe）を意味し，特に商法典に明文規定のない事項などの取扱いについて法が法律外の価値や秩序に包括的に白紙委任したものであると解される。そして，その内容は慣行や学説によって充填され，したがって経済の発展に伴う会計実務の変化に弾力的に対応することが容易であると説かれる。その意味では，GoBはGAAPに該当するものといえる。

② 商事法を中心としたドイツの企業会計制度は，これまで特に資金調達に関する間接金融方式の基盤のうえに形成され，債権者保護のための会社財産（資本）の維持を内容とした配当可能利益を算定すること（配当測定目的）を主要な目的としてきた。そのため，ドイツでは，伝統的に，会計原則のなかでも保守主義の原則（慎重性の原則）が重視されてきた。こうした点にドイツ会計制度の第2の特徴を見出すことができる。確かに，1985年にEC会社法指令（特に財務諸表に関する第4号指令および連結

財務諸表に関する第7号指令）の国内法化に伴い，商法典が大幅に改正され，それによって財務諸表の情報開示機能が著しく強化されたが，他方で，個別財務諸表についてみると，いぜんとして配当測定機能に重点が置かれている。

③　さらに，所得税法を中心として税法も商事法に基づく企業会計制度と密接な関係を有し，その形成に重要な影響を及ぼしている。この点について，所得税法（5条1項1文）には，特に商法上のGoB（商法上のGoBから導き出された貸借対照表計上規定および評価規定を含む）に従って作成された適法な商事貸借対照表は税法上特別規定が定められている場合を除き，税務貸借対照表，つまり課税所得計算に対して基準となる旨が明らかにされている。この原則は，一般に「商事貸借対照表の税務貸借対照表に対する基準性の原則」と呼ばれる。この原則は日本でいう確定決算主義に相当するものであり，これによって商事貸借対照表（企業会計）と税務貸借対照表（税法）は関連づけられることになる。

　以上のように，ドイツの企業会計制度は，特に商法典を中軸とする法的会計制度として存立し，従来から資金調達に関する間接金融方式の普及を背景にして，債権者保護のための配当可能利益計算を主要な目的としており，また基準性の原則（確定決算主義）に基づき課税所得計算と結びついていることなどに主要な特徴が見出される。これらの点は，「大陸型会計」（Continental Accounting）の基本的特質をなすものであるということができる。確かに，1985年以降には，EC会社法指令の国内法化，さらには近年における会計基準の国際的対応の進展に伴い，資本市場における投資家保護の観点から商法を中心とした企業会計制度の改革が試みられたが，個別財務諸表に関する限り，いぜんとして大陸型会計の特質である配当測定機能が保持されているとみることができる。

(2) 財務内容の開示

①　年度決算書（財務諸表）

　ドイツでは，企業の財務内容の開示は，法的単位としての企業の場合には，年度決算書（財務諸表）および状況報告書によって行われ，またコンツェル

ン（企業集団）の親会社については，それに加え，コンツェルン決算書（連結財務諸表）およびコンツェルン状況報告書によって行われる。まず，前者から説明する。

　商法典によると，すべての商人は，年度決算書として貸借対照表および損益計算書を作成しなければならない（242条）。

　資本会社（株式会社，株式合資会社および有限会社）の年度決算書は，貸借対照表，損益計算書および附属説明書から構成される。したがって，それは，人的企業の年度決算書に比べ，附属説明書だけ拡張されている。さらに，財務諸表に対する補足として状況報告書の作成が要求される。財務諸表および状況報告書は，決算日から３か月以内に作成しなければならない（以上264条1項）。

② **コンツェルン決算書（連結財務諸表）**

　商法典によると，複数の法的単位としての企業がコンツェルン（企業集団）を形成しているとき，その頂点にある資本会社（親会社）は，コンツェルン決算書（連結財務諸表）およびコンツェルン状況報告書を作成する義務を負う。コンツェルン決算書は，コンツェルン貸借対照表，コンツェルン損益計算書およびコンツェルン附属説明書から構成される。なお，資本会社以外の法形態の会社および個人企業には開示法の該当規定（11条～15条）が適用される。

　こうしたコンツェルン決算書（および状況報告書）は，個々のコンツェルン企業の年度決算書（個別財務諸表）に取って代わるものではなく，それを補足し，コンツェルン企業の経済活動の成果をそれが経済的統一体としてのコンツェルンに生じたように開示する役割を有するのである。その意味で，これは，出資者（株主），債権者，さらにより広範な公共に対する情報開示手段であり，課税基礎でも，分配基礎でもないのである。

③ **年度決算書の基本原則―「真実かつ公正な概観」の原則**

　商法典では，資本会社の年度決算書の基本原則について，次のように規定している。「資本会社の年度決算書は，GoBを遵守して，資本会社の財産，財務および収益情報につき真実かつ公正な概観（事実関係に適合した写像）

を伝達しなければならない。特別な事情のために，年度決算書が第1文にいう真実かつ公正な概観を伝達しない場合には，附属説明書に追加的開示が行われなければならない」(264条)。

　この規定にいう「真実かつ公正な概観」の原則は，もともとイギリス会社法上財務諸表作成の基本原則として表明されたものであり，EC第4号指令の国内法化に伴い，商法典に新しく取り入れられたものである。イギリス法上の「真実かつ公正な概観」は，本来アングロ・サクソン型の慣習法的な制度の枠組みのもとで形成された「包括規定」としての性格を有し，財務諸表はそれが表示する企業の経済的現実について最良の写像を誠実かつ率直に伝達することを要求するものであると解される。ただし，この原則は，成文法主義に基づくEC第4号指令のもとでは，2条4項以下に明定されているように，次のような限定的な意義を有することになる。すなわち，(1)指令の規定の適用だけで真実かつ公正な概観を与えるのに十分でない場合には，追加的情報の開示が要求されること（2条4項），および(2)例外的な場合において，指令の規定の適用が真実かつ公正な概観の開示要請と両立しないときには，規定からの離脱が要求されること（2条5項）である。これらの意義を有するという点で，この原則は，しばしば「形式よりも実質を優先する原則」と呼ばれている。

　このような意義を有するイギリス型の基本原則の国内法への変換は，たいていの加盟国では完全な形で実行された。しかし，ドイツでは，この原則の変換には重要な限定が付されている。特に問題になるとみられる，前記(2)の例外的な場合における法規定からの離脱要請（第4号指令2条5項）は，厳格な成文法主義に立脚するドイツ法の立場を考慮し，法的安定性が侵害されないようにとの配慮から，結局のところ取り入れられずに終わったのである。このことは，ドイツ法では，法規定への準拠は「真実かつ公正な概観」の提供を保証するということがいぜんとして想定されていることを意味し，したがってドイツ法は「実質のない真実かつ公正な概観の形成」を有すると批判されることになる。

(3) 企業会計制度の改正

① 会計基準の国際的調和化

1990年代になると，ドイツ国際企業のなかには，D.ベンツ社（1993年）をはじめ，バイエル社（1994年），シェーリング社（1994年）などにみられるように，ニューヨーク証券取引所を中心とした国際資本市場から多額の資金を有利に調達するために，特に連結財務諸表を「国際的に認められた会計原則」（IASまたはUS-GAAP）に従って作成・公表する企業が相次いで出現し，ここにドイツ企業会計制度を特に資本市場における投資家保護の観点から改革する必要が生じた。[4]

そのための措置として制定された主要な法律に，次のものがある。

(ア) 1998年「資本調達容易化法」
(イ) 1998年「企業領域統制・透明化法」
(ウ) 2002年「透明化・開示法」
(エ) 2004年「会計改革法」
(オ) 2009年「会計現代化法」

このうち，(ア)は，国内外の資本市場に上場する「国際的に認められた会計原則」（IASまたはUS-GAAP）に準拠して連結財務諸表を作成した場合には，ドイツ商法に従って連結財務諸表を作成することを免除するというものである。これは2004年12月までの時限立法であった。

(イ)では，(1)連結会計情報の拡張が図られていること，(2)会計基準設定機関の設置が要求されていることの2点が注目される。このうち，(1)については，連結附属説明書においてキャッシュ・フロー計算書およびセグメント情報を開示する。連結状況報告書においてリスク情報を開示する。また，(2)について，プライベート・セクターの会計基準委員会または法務省所管の会計審議会の設置が要求されたが，結果的には，前者に基づき，（「ドイツ版FASB」ともいうべき）ドイツ会計基準委員会（Deutsches Rechnungslegungs Standards Committee: DRSC）が設置されることになった。

(ウ)は，コーポレート・ガバナンス（企業統治）を進めるための連結会計規定の改正などを内容とするものである。

(エ)は，会計法の一層の進展と国際的対応および監査人の役割強化を目指し

たものであり，特に後にみるEUの2001年9月の「公正価値指令」，2002年7月の「IAS規則」，および2003年6月の現代化指令などを国内法へ変換したものである。ここでは，特に(1)連結財務諸表を強化充実すること，(2)資本市場指向企業に2005年より連結財務諸表をIASに準拠して作成することを義務づけること，(3)非資本市場指向企業にIAS適用の選択権を許容すること，(4)状況報告書の内容に関して，特に資本市場指向企業の透明性を高めるための厳格な開示を要求していることなどが注目される。

(オ)は，ドイツ商法の現代化を図るために行われた商法規定の改正である。特に，商法会計とIAS/IFRSとの調和を促進し，商法規定によって作成される財務諸表の開示能力を改善することを目的として実施された。

こうした改革の結果として，現行商法では，IAS/IFRSの使用に関して改訂が行われている。連結財務諸表に関しては，資本市場指向企業についてはIAS/IFRSの使用を義務化し（315a条2項），非資本市場指向企業についてはこれを許容している（315a条3項）。また，個別財務諸表に関しては，資本市場指向企業および非資本市場指向企業のいずれに対しても，開示目的に限りIAS/IFRSを使用することを許容している（325条2a項）。

② ドイツ会計基準委員会（DRSC）による会計基準の設定

前記の(イ)「企業領域統制・透明化法」により，商法342条の規定に基づいて設置されたDRSCは，(1)連結会計情報に関する諸原則の適用のための勧告を行うこと，(2)会計規定の立法化にあたり連邦法務省の諮問に答えること，および(3)国際的な会計基準設定機関，特にIASCにおいてドイツを代表すること，などの任務を有する（342条1項1文）。そのために，(1)メンバーの独立性が保証されていること，(2)メンバーは会計関係者に限られること，(3)会計分野に専門的な関心を有する一般人が関与しうること，などが認められなければならない（342条1項2文）。この点に関して重要なことは，DRSCにより公示されたドイツ会計基準（Deutscher Rechnungslegungsstandards：DRS）に従って作成された連結決算書は，GoBに準拠して作成されたものとみなされる（342条2項）と規定されている点である。

DRSCは，DRSとドイツ会計改訂基準（Deutscher Rechnungslegungs

Anderungsstandard：DRA）を公表している。2012年12月までに35（改廃分を含む）の基準書が設定・公表されている。

6 ▶ フランスの企業会計制度

(1) フランス企業会計制度の主要な特質

フランス企業会計制度の主要な特質として，次の諸点を指摘することができる。

① フランスにおける会計規制は，商法および商事会社法によって法的な枠組みが形成され，その枠組みのもとで，会計原則「プラン・コンタブル・ジェネラル」（Plan comptable général：PCG）が具体的な実務指針として位置づけられている点である。PCGは，会計標準化の手段として設定されたフランス独自の会計原則であるといわれる。

② フランス商法および商事会社法は，間接金融方式の優位性を背景に，伝統的に会社債権者の保護の観点から，会社財産の維持・充実のための配当規制を会計規制の主要な目的としてきた点である。そのために，フランスでは会計原則のなかでも，特に保守主義の原則（慎重性の原則）が重視されてきたのである。

③ フランスでは会計原則PCGは，従来から，一貫して公的機関（パブリック・セクター）によって設定されている点である。すなわち，フランスにおける会計基準設定機関は，当初1946年4月に設置された会計標準化委員会からはじまり，1957年5月には財務大臣の諮問機関として設置された国家会計審議会（Conseil national de la comptabilité：CNC）に代わり，さらに1998年には会計規制委員会（Comité de la réglementation comptable：CRC）が創設された。その後，2010年にはCNCとCRCを統合して会計基準機構（Autorité des normes comptables：ANC）が創設された。フランスにおける会計基準設定機関はこのように変遷して行くが，いずれも政府機関である点に留意する必要がある。

以上のように，フランスの企業会計制度は，商法および商事会社法による

法的規制の枠組みのもとで，会計原則PCGがその具体的な実務指針を提示していること，間接金融方式の発達のもとで，債権者保護の目的から会社財産の維持のための配当規制を重視していること，さらに基準設定についてパブリック・セクターに属する政府機関が重要な役割を果たしていることなどを挙げることができる。これらの点は，大陸型会計の基本的な特質を示すものである。

(2) フランス商事会社法

　フランス会計の起源は，1673年のフランス商事条例に求められる。商事条例は会計史上初めて2年ごとに財産目録を作成することを義務づけたことで知られるが，この規定は1807年のナポレオン商法典，さらに1856年法および1863年法を経て，1867年会社法に継承されるとともに，フランコ・ジャーマン型経理体系の源流として，ドイツ，ギリシャ，オランダ，日本等の商法に多大の影響を及ぼすに至った。

　さて，1867年会社法（「株式会社および株式合資会社に関する法律」）では，準則主義が採用されている点が注目される。準則主義とは，一定の要件さえ充足すれば何の許可も得ることなく，届出だけで自由に株式会社などの資本会社を設立できる仕組みをいう。こうした準則主義への移行に伴い，本法では，株式会社に対する規制が強化され，特に会計規制の面では利害関係者保護がより強化され，情報開示および会計監査の充実が図られている。そのようにして，ここでは，会社の取締役は，財産目録，貸借対照表および損益計算書を作成し，会計監査役の監査を受けた後に株主総会に提出してその承認を受けるものと規定された。

　その後1867年法は，会社経営者の不正に対する株主・投資家保護の強化を目的として，1935年および1937年に一部改正された。このような経過を経て，1966年商事会社法が成立するに至った。本法は，特に1867年法の情報開示規制をより強力に推進し，企業会計制度に対する信頼性を強化するための改正を企てている。これには，(1)計算書類作成の公正化，(2)公表書類の拡大，(3)会計監査の強化，(4)取締役・会計監査役などの関係者に対する罰則の強化などが規定されている

さらに，本法には減価償却や引当金などに関する規定が設けられ，従来見受けられなかった利益計算に関する規定が設定されている点が注目に値する。

(3) プラン・コンタブル・ジェネラル（PCG）の発展

フランス会計を特徴づけるものにPCGの発展がある。PCGは，最初ドイツ軍政下の1942年に制定されたが，1947年に一新された。その後1957年に一部改訂され，また1982年に大幅に改訂された。

PCGは，フランスにおける会計標準化の担い手であり，標準勘定体系を軸にして一般会計基準（財務会計基準）と経営分析会計基準等を包摂した独自の会計原則である。PCGは，特に(1)企業外部の利害関係者に対する情報の提供（一般会計目的），(2)経営管理に役立つ情報の提供（管理会計目的），および(3)国民経済計算への資料の提供（社会会計目的）という課題の達成を目的としたものであるが，特に社会会計と管理会計への役立ちは，他国の会計原則にはみられないユニークなものである。

(4) 会計の国際的調和化の進展

フランスでは，1980年代以降，2段階にわたる会計の国際的調和化が進められた。

① 第1段階の国際的調和化

第1段階は，EUレベルでの調和化であり，EC会社法第4号指令（個別財務諸表）や第7号指令（連結財務諸表）等の国内法化を内容としたものである。1982年PCGの改正は，その一環として主に第4号指令との調和化を目的としたものであり，一般会計の領域で，特に基本原則としてイギリス法上の「真実かつ公正な概観の原則」が導入されている点が特徴的である。また，財務諸表体系の1つとして付加価値計算書や資金計算書を含んだ発展体系が採用されている点が注目される。

さらに，1983年の「第4号指令と商人・一定の会社の会計規定の調和化に関する法律」（調和化法）により第4号指令の商法および商事会社法への変換が企てられ，また1985年の「一定の商事会社・公企業の連結財務諸表に関する法律」および1986年の省令による連結財務諸表規則のPCGへの導入

をもって，第7号指令の国内法化が実行され，EUレベルでの調和化が実現した。それは多数の選択権を含む緩やかな調和化であった。

② 第2段階の国際的調和化

1990年代後半になると，IASの適用を内容とする第2段階の国際的調和化が開始された。欧州委員会は，2005年1月から域内の上場企業にIAS規則（2002年）に従って連結財務諸表を作成するように加盟諸国に指示した。こうしたEUの動向に対応して，フランスでは，1998年の商事会社法の改正により特に国際資本市場で資本調達する企業の連結財務諸表の作成・公表について，「会計規制委員会（CRC）によって定められた条件のもとで，共同体および会計規制委員会の規則によって採用された規範を尊重して，フランス語に翻訳された国際的基準を用いることができる」とされている。この「国際的基準」とはIASとFASBの基準を含むものと解釈されるが，フランス語訳があるのはIASだけであるから，結局はIASに従うことになる。

CRCは，第2段階の国際的調和化に対応するために創設された機関であり，(1)会計規制を透明で安定したものにすること，(2)首尾一貫した会計基準を作成すること，(3)連結財務諸表の作成に国際基準を使用するように指導することを目的としていた。CRCの創設後は，CNCが会計基準を作成し，その会計基準がフランスの法体系と整合的であるかどうかをCRCが検討し，強制力のある規則とするか否かを決定するという形でフランスにおける会計基準の設定が行われてきた。[5]

PCGは1999年にも改正された。この新PCGでは，経営分析会計に関する部分が除かれ，一般会計しか取り扱われていない。新PCGでは，個別財務諸表に関する基準と連結財務諸表に関する基準とに分けられ，それぞれ別個の規則に定められている。このPCGでは，金融商品に関し特に組織的市場で取引される契約の価値の変動は日々精算されることによって確認され，財務費用または財務収益として損益勘定に振り替えられるとして，金融先物取引の評価などについて時価評価が採用されている。一方，有価証券については，一時所有有価証券を含め，取得原価と棚卸価値（時価）を比較して，潜在的減価または増価が生じている場合には，原則として潜在的減価のみが減価引

当金の設定により計上されるとして,低価主義が採用されているにすぎない。

③ PCGとIAS/IFRSとのコンバージェンス

1999年以降,PCGとIAS/IFRSとのコンバージェンスが順次,進められてきた。例えば,PCGの改訂により,資産(固定資産)の減損処理が規定されるに至っている(「資産の減価償却,減損に関するCRC規則2002-10号」2002年12月)。このコンバージェンスには,次の利点があると考えられている。①コンバージェンスは,単一の会計基準ではなく,等質の会計基準を指向する。②コンバージェンスは漸進的であり,利害関係者が順応しやすい。③IAS/IFRSとの差異を限定的にすることによって,上場会社の連結財務諸表と個別財務諸表との調整が少なくなる。しかし,課税制度,法制度および中小企業の会計が,コンバージェンスを継続するうえでの制約となり,2006年以降は目立った進展がない。

④ 会計基準機構(ANC)の創設

CRCは,会計基準を迅速に制定改廃することに貢献したが,CNCとCRCによる会計基準設定は,複雑で変化の激しい環境には適合しないという認識に基づき,会計基準を作成する権限を1つの組織に集約することが望ましいと考えられるに至った。また,EU域内において,上場会社の連結財務諸表にIAS/IFRSの適用が強制されていることを背景として,IAS/IFRSの設定・改訂に積極的に貢献し,フランスにおけるその適用の状況と問題点の把握などを行う必要があると認識されるようになった。そこでCNCを改革し,ANCが創設された[7]。ANCは,現在のところ,その戦略的目標として,中小企業の会計の簡素化とIAS/IFRSへの積極的な関与を掲げている。

注

1) その前身は,昭和23年(1948年)に経済安定本部に設置された企業会計制度対策調査会である。企業会計制度対策調査会は,昭和25年(1950年)に企業会計基準審議会と改称され,さらに昭和27年(1952年)に大蔵省に移管されて企業会計審議会となった。その後企業会計審議会は,平成12年(2000年)に金融庁の所管となり,現在に至っている。

2）なお，既存の会計基準設定機関である企業会計審議会は，それまで審議してきた「固定資産の減損に係る会計基準」（平成 14 年（2002 年）8 月 9 日）および「企業結合に係る会計基準」（平成 15 年（2003 年）10 月 31 日）の整備をもって，一般に公正妥当と認められる企業会計基準の開発に関する実質的な役割を終了した。現在では，一般に公正妥当と認められる企業会計基準およびその実務上の取扱いに関する指針の開発は，企業会計基準委員会に委任されている。
3）この主なものには，企業内容等の開示に関する省令（開示省令），財務諸表等規則，中間財務諸表等規則，連結財務諸表規則，および上記諸規則のガイドライン等がある。
4）巻末資料を参照のこと。
5）弥永 2013，557 頁。
6）Lopater, C. et al. 2013, pp.1867-1868.
7）弥永 2013，558 頁。

第2部

国際会計基準 (IAS/IFRS) の設定主体と国際会計基準

ここでは，会計基準の国際的調和化および統一化へのアプローチとその取り組みについて取り上げる。特に，国際的調和化および統一化の役割を担う国際諸機関と IAS/IFRS の概要を明らかにする。

4章 会計基準の国際的調和化の要請

1 ▶ 国際的調和化の必要性

　1990年代に入ると，多国籍企業の事業展開による国境を越えた取引や投資の急増，グローバル化した資本市場からの資金調達の増大など経済的環境の著しい変化を背景にして，前章までにみたような各国の企業会計制度における相違を認識したうえで，これを調整し，会計基準の国際的調和化を図る必要が高まってきた。こうした会計基準の国際的調和化に対する要請は，特に財務諸表（連結財務諸表を含む）の利用者，作成者，監査法人および規制当局などの側において生じる。これらのなかでも，財務諸表の利用者および作成者からの要請が特に重要である。

(1) 財務諸表利用者
　主要な財務諸表利用者である国際的投資家および財務アナリストにとって，代替的投資機会の相対的な有利性を適正に評価して合理的な投資意思決定を行うためには，会計基準の国際的調和化による国際的に比較可能にしてかつ理解可能な財務諸表を入手できることが必要である。

(2) 財務諸表作成者
　多国籍企業は，国際的投資家として財務諸表の利用者である反面，国際的資金調達者または海外子会社の親会社として財務諸表の作成者でもある。それが2つ以上の国の証券取引所の上場会社である場合，現在では，それぞれの国内基準に従って財務諸表を作成し，かつ監査を受けなければならず，追

加的コストの負担を強いられる。また，多国籍企業は，親会社として，それぞれの現地国の基準で作成された海外子会社の財務諸表を本国会計基準に換算して連結しなければならないために，余分のコストがかかる。これらの追加的コストは，会計基準の国際的調和化によって回避されるものと考えられる。

(3) 国際的監査法人

　国際的監査法人のクライアントの多くは，海外子会社または在外支店を有する。したがって，会計基準が国際的に調和化されるならば，これらのクライアントの財務諸表の作成，連結および監査は従来よりも相当容易になるであろう。

(4) 規制当局

　現在,証券監督者国際機構(International Organization of Securities Commissions : IOSCO) は，国際資本市場における証券取引の促進とそれに関する規制の調和化の一環として，IASを支持する旨を表明しているが，各国の規制当局の側からみても，会計基準の国際的調和化により，国境を越えた証券取引が促進され，また不必要な規制上の負担が軽減されるという利点が生じる。
　このようにして，会計基準の国際的調和化が要請されることになる。

2 ▶ 「調和化」の意味とアプローチ

(1) 「調和化」の意味

　ここで，会計基準の国際的調和化という場合の「調和化」の意味について述べておきたい。これについて，会計文献では，調和化，標準化，統一化など，各国の会計基準の相違を調整する意味の用語が明確に区別されることなく使用されているところにもみられるように，必ずしも明らかにされていない。そこで，幾人かの論者の見解を手掛りとして，「調和化」の意味内容を整理しておくこととする。
　ノーブス (Nobes, C.) によると，「調和化」(harmonization) とは，「統一化」(uniformity) または「標準化」(standardization) と区別され，「各国の会計

実務における差異の程度を軽減することにより，その比較可能性を高める一過程である」と定義される。一方，「統一化」または「標準化」とは，「より厳格かつ局限された一組のルールを強制することを意味する」と定義される。[1]

また，モスト（Most, K. S.）は，「統一化」，「標準化」，「調和化」の3つの用語は関連するが，しかし別個の概念であるとして，特に代替的会計方法の除去のレベルの違いから，それぞれ次のように定義する。まず，「統一化」とは経済的取引その他の事象の処理または表示についての代替的方法を排除することである。次に，「標準化」とは，取引事象の処理または表示について相当の弾力性を保持する一方で，代替的方法を減少することである。最後に，「調和化」とは異なる会計および財務報告システムを共通の広範な分類に適合させることによって，内容面では重要な差異が保持される一方で，形式的にはより標準的になるように調整することである。[2]

これに対して，ヴァン・ヒューレ（Van Hulle, K.）は，これら3つの用語の意味を包括した広義の概念として「調和化」を用いている。ここでは「調和化」をこの意味で用いたい。

(2) 「調和化」へのアプローチ

ヴァン・ヒューレによると，この広義の「調和化」へのアプローチには3つの異なった方法があるといわれる。第1のアプローチは，統一ルールの設定である。「調和化」の目的は財務諸表の比較可能性にあるから，すべての実体は同一のルールを適用する必要があると考えられる。

第2のアプローチは，前者のように統一ルールを設定する必要はないとして，会計選択権はそれが同等とみなされる限り完全に承認し，注記による開示によりそれを補足する方法である。このアプローチは一種の暫定的な妥協に基づくものである。

第3のアプローチは，会計選択権を完全に排除するわけではなく，複数のものを承認するが，優劣をつけて一方は「優先的処理」ないし「標準的処理」，他方は「代替的処理」として区別する方法である。後者を適用した場合には，「優先的方法」に一致させなければならない。[3]

これらのアプローチのうち，第1のアプローチは，モストのいう「統一化」

に基づく最も厳格な方法であり，代替的会計方法の完全な排除による単一の会計方法の適用を意図したものである。第2のアプローチは，モストのいう「調和化」を基礎にした最も緩やかな方法であり，EUにおいて実行されたものである。第3のアプローチは，ほぼモストのいう「標準化」を基礎にした方法であるとみられ，ヴァン・ヒューレのいうように，特に1989年1月に公開草案第32号（E32）「財務諸表の比較可能性」を公表して以来IASCが採用してきたアプローチである。ただし，IASCの最終目標がすべての会計選択権の排除にあることを考えると，そのアプローチはむしろここでいう第1のアプローチに近いといえるかもしれない。

3 ▶ 国際的調和化への取り組み
―各種の国際機関による調和化の試み―

企業活動のグローバル化の進展を背景にして，これまで多くの国際機関が会計基準の国際的調和化問題に取り組んできた。その主な機関に，政府レベル（または準政府レベル）の機関として，国際連合（United Nations：UN），経済協力開発機構（Organization for Economic Cooperation and Development：OECD），IOSCOならびに欧州連合（European Union：EU）などがあり，また職業会計士レベルの機関として，IASCないしそれを全面改組したIASBと，国際会計士連盟（International Federation of Accountants：IFAC）などがある。以下，これらの機関による会計国際化への取り組みについて説明する。

(1) 政府レベルの国際機関
① 国際連合（UN）
UNは，多国籍企業が世界経済，特に発展途上国の経済に与える影響を把握するために，その会計・報告の基準の調和化に取り組んできた。その活動の重点は，特に多国籍企業が年次報告書において開示すべき最小限の情報―財務情報および非財務情報（労働・雇用，生産，投資計画，組織構造，環境対

策など)を含む──を示した「ミニマム・リスト」の作成とその検討に置かれた。

② 経済協力開発機構(OECD)

　OECD(先進工業国34か国からなる)も,多国籍企業の会計・報告基準の調和化に関与している。すなわち,OECDは,加盟国の経済成長および経済発展を促進するという観点から,多国籍企業が守るべき行動指針── 一般指針,情報開示,競争,課税,労働・労使関係,科学・技術等多くの社会的責任などを含む──を設定している。このうち情報開示の章には,特に年次報告書において開示すべき情報の一覧表が示されている。この指針は任意的性格をもつが,多国籍企業の行動に影響を与えるものと期待される。

③ 証券監督者国際機構(IOSCO)

　IOSCOは,各国の証券市場監督当局(日本からは現在金融庁が加盟)から構成され,証券取引のグローバル化の進展を背景に,証券規制の国際的調和化や各国の規制当局間の協調を目的として設定された国際組織である。資本市場のグローバル化の進展のなかで,IOSCOは,国際財務報告制度を整備するために,会計基準の国際的調和化の必要性を認識して,1987年6月にIASCの諮問グループに参加し,さらに翌88年11月の総会でIASCによるIASの改善作業を支持し,専門委員会に設置された作業部会を通じてその作業を支援する旨を表明した。こうした強制力をもつIOSCOの支援により,IASの世界的な遵守への方向が推進されるものと期待された。

　その後,作業部会は,1993年にIASについて本格的な検討を行い,国際的な会計基準のコアに含まれるべき項目(「コア・スタンダード」)のリストを作成し(同年10月の総会で承認),さらに翌94年6月に,これに対応するIASの項目についての個別的検討の結果をまとめた書簡をIASC議長宛に送付した。ここでは,特に「改訂必須項目」とみなされた項目についてIASの受け入れのために再検討することが求められた。これに対して,IASCは,IASの包括的承認を主張した。1995年2月に両者の意見調整が行われた結果,IOSCOは,IASがコア・スタンダードの設定のうえで主要な役割を果たしている旨を表明し,その実現に向けて協調することを改めて確認した。

④ 欧州連合（EU）

　1993年11月にマーストリヒト条約（欧州連合条約）の発効に伴い，ECから移行して，EUが発足した。EUにおける会計基準の調和化は，EC会社法指令，特に個別財務諸表に関する第4号指令（1978年）と連結財務諸表に関する第7号指令（1983年）により進められた。これらの会計指令は，ローマ条約（EC条約）第54条第3項g号を根拠として，資本会社（有限責任会社）について，社員（出資者）および債権者の保護のために，会社情報の表示および内容，評価方法ならびに公開に関する加盟国の国内法を調整することを目的としたものであった。

　ここで会計調和化の手段として用いられている会社法指令は，法的措置の性格を有し，それが加盟国の国内法に変換されたときに，その対象となるすべての会社にとって拘束的となる。したがってそれに定める会計基準の履行が容易になるという利点がある。この点で，会社法指令は，それ自体は法的効力のないIASとは異質的である。

　会社法指令の主要な特徴として，上述のような指令の性格に関連して，規制方法に関し大陸法型の成文法システムが採用されていること，財務諸表作成の基本原則としてイギリス会社法上の「真実かつ公正な概観」の原則が採用されていること，さらに広範にわたり会計方法選択権が許容されていることなどを挙げることができる。その基底には，大陸型会計と英米型会計という2つの異質的な会計システムの融合という問題が存するものと思われる。

　そのような問題を含みながらも，これら2つの会社法指令の国内法化は，1990年代の初め頃までにともかくも終了し，EU加盟国における会計基準の調和化は不十分ながらも実現をみるに至った。EUでは，1990年代に入ると，企業活動のグローバル化の一層の進展を背景に，国際企業のアメリカを中心とした国際資本市場から資金調達を行うという要請の高まりを反映して，会計基準の世界的レベルでの調和化が進められているのである。

(2) 職業会計士レベルの国際機関

① 国際会計基準委員会（IASC）・国際会計基準審議会（IASB）

　これについては，次章で取り扱う。

② 国際会計士連盟（IFAC）

IFACは，1977年にミュンヘンで開催された世界会計士会議で設立された職業会計士の国際組織であり，2014年現在，124か国から，159以上の団体によって構成されている。

設立当初，IFACの主な目的は，(1)会計職業のための国際的ガイドラインを設定すること，(2) 5年ごとに開催される世界会計士会議を組織することであった。

また，IFACは1982年にメキシコで開催された第12回世界会計士会議でIASCとの間に結んだ相互協約により，お互いの発展のために次のことについて協調しあうことを確認した。(1) IFACの会員である職業会計士団体は自動的にIASCの会員にもなる。(2) IASCは会計基準設定のうえで完全な自治権を有し，基準の設定・公表に関し外部団体と協同する権限を有する。(3) IFACは会員の積極的協力に基づいて，IASの採用を支持するように努力することなどである。こうした関係は，2001年にIASCがIASBに全面的に改組されるまで続いた。

さらに，IFACは，IASCが「世界的に承認されるような国際会計基準」の設定を目的としていることを前提として，それ以外の問題について世界的レベルでの会計職業の協調を結集することを企画している。IFACは，特に1980年以降監査方法の国際的な調和化のために「監査の国際的ガイドライン」(International Auditing Guidelines：IAG)―1991年に「国際監査基準」(International Standards on Auditing：ISA) と名称を変更している―の設定に取り組み，すでに1980年1月にその枠組みとなる第1号「財務諸表監査の目的と範囲」を発表したのをはじめ，多数の基準書を公表してきた。

IFACの活動業績としては，上述のISAをはじめ，国際倫理規則，国際教育基準，国際パブリック・セクター会計基準の設定などを挙げることができる。

注

1) Nobes, C. 1991, p.70.
2) Most, K.S. 1993, p.79.
3) Hulle, K.Van. 1993, p.387.

5章 国際会計基準(IAS/IFRS)の設定

1 ▶ 国際会計基準の基礎

(1) 国際会計基準の意義と目的

　IASとは，会計の国際的調和化を推進するために，IASCによって設定・公表された会計基準である。それは，特に多国籍企業の事業展開，国際間の取引および投資の増大，資本市場のグローバル化の進展などを背景にして，各国の会計基準の間に存する差異を可能な限り相互に調整し，国際的に比較可能な財務諸表の作成に役立つ，「世界中で承認されるような国際会計基準」を形成することを目的としたものであり，元来，IASCを構成する各国の職業会計士団体の合意を基に成立するものである。

(2) 財務諸表の国際的比較可能性の確保

　すでに述べたように財務諸表の国際的比較可能性を確保する方法には，どの程度の比較可能性を予定するかにより，「調和化」(harmonization)，「標準化」(standardization) および「統一化」(uniformity) の3つがある。

　IASCは，当初は，(緩やかな)「調和化」から出発して，1980年代後半から，経済の一層の国際化と資本市場のグローバル化の進展のなかで「標準化」に移行し，さらに2001年にIASBが発足した後に，「統一化」へとレベルを引き上げている点が注目される。そのことは，とりもなおさず，会計処理方法と表示方法の両面にわたり広範に容認された選択権の削除を図ることを意味する。

(3) 財務諸表の意義と種類等

「国際会計基準に関する趣意書」(1975年1月公表・1982年11月改訂)は,「財務諸表」について以下のように説明している。

① 財務諸表の定義

財務諸表には,貸借対照表,損益計算書,財政状態変動表（statement of changes in financial position), 注記, ならびに財務諸表の一部として取り扱われているその他の計算書および説明資料が含まれる[1]。通常,財務諸表は,毎年1回公表され,監査人による監査報告の対象となる。IASは,商業,工業,その他の事業を営むすべての企業の財務諸表に適用されるものである(5項)。

② 2つのタイプの財務諸表

財務諸表には,(a)内部経営目的のために作成されるものと,(b)株主,債権者,従業員および一般大衆に対して公表されるものの2つのタイプがある。このうち,後者の公表財務諸表は,IASに準拠して作成されるべきである(6項)。

③ 財務諸表に関する二重責任制

財務諸表の作成および適切な開示については,経営者が責任を負う。監査人の責任は,財務諸表に関する意見の形成と報告とにある(7項)。

2 ▶ 国際会計基準委員会（IASC）

(1) 国際会計基準委員会の性格

IASCは,1973年6月に,ロンドン（本部所在地）で,オーストラリア,カナダ,フランス,西ドイツ（当時）,日本,メキシコ,オランダ,イギリスおよびアイルランドならびにアメリカの9か国の職業会計士団体（会員）の合意に基づいて設立された。その目的は,特に「監査の対象となる財務諸表の作成提示にあたり準拠すべき諸基準を公共の利益のために作成公表し,かつこれが世界的に承認されることを促進する」ことであるとされた(「趣

意書」参照)。

このように，IASCは，それに参加する職業会計士団体の合意を基礎にして設立された自立的な組織であり，プライベート・セクターに属する。したがって，IASC自体は基準の遵守に対する法的強制力をもたない。しかし，1980年代末頃から，IOSCOが国際資本市場における財務報告制度を整備するために，IASCの活動を支援したことにより，その強制力をバックとして，IASの遵守が促進されることになったのである。

会員は，2000年11月現在で，正会員の他に準会員と協力会員を含め112か国，153団体に及んでいる。

(2) 国際会計基準委員会 (IASC) のアプローチ

① 国際会計基準 (IAS) の趣旨

国際会計基準は，後に学ぶように，特に1970年代以降における経済の国際化および資本市場のグローバル化の進展を背景にして，各国の会計基準の間に存在する相違を可能な限り相互に調整し，国際的に比較可能な財務諸表の作成に役立つ基準を設定することを目指したものである。

② IASCの目指す方向

すでに学んだように，各国の企業会計制度は，それをとりまく特殊な環境的要因を反映してさまざまに形成され，その間にはかなりの相違が存在する。IASCは，こうした各国の固有の事情に基づく制度の特質を十分に考慮し，また，それ自体基準の遵守に対する法的強制力をもたないという存立基盤の弱さを考慮して，設立当初から，IASの設定にあたり，以下のようなアプローチを採用してきた。すなわち，IASの設定にあたり，加盟国の会計基準の共通部分を集約し，その最大公約数としてIASを設定するというアプローチである。そのため，IASでは，類似する取引事象について複数の代替的な会計処理方法が広範に容認されたのである。

その具体例を示すと，棚卸資産の原価配分に関する先入先出法，加重平均原価法または後入先出法。開発費の認識に関する即時費用処理法または一定の基準を満たす場合における資産計上法。工事収益の認識に関する工事進行

基準または工事完成基準。借入費用の認識について，費用として即時計上する方法，または資産が意図したように使用または販売するまでに相当の期間を要するものは，当該資産の原価の一部として認識する方法などである。

しかしながら，IASにおけるこうした代替的会計処理方法の広範な容認は，IASの目指す緩やかな「調和化」による財務諸表の比較可能性の確保という目的をも達成することを困難にせざるをえないであろう。

すでに述べたように，その後，IOSCOがIASへの支持を表明したことを契機として，その基本的な立場を上述のような緩やかな「調和化」から，しだいに「標準化」への方向へと転換していくことになるのである。

(3) 国際会計基準委員会（IASC）の運営組織

IASCは，理事会（Board），起草委員会（Steering Committee），および諮問グループ（Consultative Group）の3つの組織によって運営されてきた。このうち，まず，理事会は，IASCの最高意思決定機関であり，かつ業務執行機関である。理事会は，(1)採択テーマの決定，(2)起草委員会のメンバーの決定，(3)計画，予算，財務報告の承認，(4)原則書，公開草案およびIASの承認，(5)定款の改訂等の権限を有する。次に，起草委員会は，理事会が検討するテーマを決定するたびに設置される委員会であり，メンバーはテーマごとに理事会が決定する。起草委員会は，論点概要書，原則書，公開草案およびIASの草案作成作業等を行う。さらに，諮問グループは，IASCの会員が加盟各国の職業会計士団体であるため，財務諸表の作成者や利用者などの会計士以外の財務報告に関係する諸団体との連携を図り，これら関係者からIASに関する意見を広く聴取するために，1981年に設置された組織である。この諮問グループには，1995年現在で，国際証券取引所連合，財務管理者協会国際連合，国際商工会議所，国際アナリスト連盟国際調整委員会，国際自由労連，世界銀行，国際銀行協会，IOSCO，FASB，欧州委員会等が参加していた。さらに，OECD，国際連合多国籍センターもオブザーバーとして参加していた。

このように，IASCの運営組織は，これまで，理事会，起草委員会，および諮問グループという3つの組織から構成されていたが，IASの設定機関というその本来の役割からみると，これらのうち基本的に重要なのは，理事会

と起草委員会とであった。これに対して，諮問グループは，IASCがもっぱら各加盟国の職業会計士団体の合意を基盤として成立したものであるという点を考慮して，それ以外の財務報告に関係する諸団体の意見を聴取する主旨から設置されたものであるから，それ自体はIASCの基本的な組織構造を形造るものではなく，むしろ補完的な措置として取り入れられたものであるといえる。

したがって，IASCの組織は，基本的には理事会と起草委員会からなる二院制構造を有するものであると解されるのである。IASCは，1973年に設立されて以来，そのような理事会と起草委員会という二院制構造を採用し，そのもとでIASの設定を行ってきたのである。

3 ▶ 国際会計基準審議会（IASB）

(1) IASBの誕生

上述のように，IASCは，2001年4月に全面改組され，新しくIASBが誕生した。ここにIASBは，IASを継承するIFRSの設定という役割を担うことになったのである。

IASBは，IASCが設定したIASを受け入れ，自らが設定するIFRSと合わせて，その全体をIFRSsと名づけている。

(2) IFRS財団の組織

IFRS財団の組織は，評議員会（Trustees），モニタリングボード（Monitoring Board），IASB，国際財務報告解釈指針委員会（International Financial Reporting Interpretations Committee：IFRIC）およびIFRS諮問会議（IFRS Advisory Council）から構成されている。各組織の権限や役割については，2010年に改訂されたIFRS財団定款に定められている。

① 評議員会

評議員会は，22名の評議員（任期3年）から構成され，組織の活動資金の調達，理事の選任および活動状況の監督，さらにIFRICやIFRS諮問会議の

メンバーの選任などを行う。

② モニタリングボード

モニタリングボードは，評議員会と規制当局との間に公式な連携を提供する組織であり，評議員の選任手続に参画し，評議員の選任を承認することなどを行う。モニタリングボードは，欧州委員会の責任者，IOSCOの新興市場委員会委員長，日本の金融庁長官，SEC委員長で構成され，バーゼル銀行監督委員会委員長がオブザーバーとして参加する。

③ IASB

IASBは，14名の理事（任期5年）から構成され，2012年7月1日までに16名に増員される（3名までは非常勤でもよく，残りは常勤でなければならない）。理事は，地理的バランスを確保するために，アジア・オセアニア地域から4名，ヨーロッパから4名，北米から4名，アフリカから1名，南米から1名，その他2名が選出される。理事の資格要件として，財務会計・財務報告に関する専門的能力や知識のほか，分析能力，コミュニケーション能力等が要求される。

IASBは，IFRSの設定，IFRS解釈指針の承認，専門的議題の策定等を行う。IFRSおよびその公開草案の可決のためには，理事9名以上（総員16名未満の場合）の賛成が必要である。

IFRSと各国の会計基準とのコンバージェンスを推進する目的から，各国の会計基準設定機関とのリエゾン関係を確立し，連携を図っている。

④ IFRIC

IFRICは，IFRSの解釈指針案を作成するとともに，IFRSの適用にあたって生じる問題，新たに生じた財務報告上の問題や解釈上の問題等について適時に解釈指針を提示する組織である。メンバーは，投票権をもたない議長と投票権をもつメンバー14名から構成される。

⑤ IFRS諮問会議

IFRS諮問会議は，評議員会とIASBに助言を与える任務を有し，職業会計人，アナリスト，財務諸表作成者など，さまざまな職業上のバックグランドをもつメンバーより構成される。

(3) IFRS財団の目的

IFRS財団は，定款のなかで，その目的を「公共の利益を旨として，明確に記述された原則に基づく，高品質で理解可能な，強制力のある国際的に認められる財務報告基準の単一のセットを開発すること。これらの基準は，世界の資本市場参加者およびその他の利用者が適切な経済的意思決定を行うのに役立つように，財務諸表その他の財務報告において，高品質で，透明で，比較可能な情報を要求する」としている。また，「各国の国内会計基準とIFRSとのコンバージェンスを通じて，IFRS，すなわちIASBが公表する基準および解釈指針の採用を推進し促進すること」をも，その目的として掲げている。

(4) 会計基準アドバイザリー・フォーラムの設置

IASBの基準設定プロセスにおける各国会計基準設定機関および地域団体とIASBとの二者間の関係を集合的な関係に置き換え，その関係を効率化することを目的として，IFRS財団はIASBの諮問機関として会計基準アドバイザリー・フォーラム（Accounting Standards Advisory Forum：ASAF）を設置し，2013年4月に第1回会合を開催した。これにより，IASBの基準設定に関する主要な技術的論点に関する広範囲な各国，各地域のインプットが議論され考慮されるようになる。

その当初のメンバーは，次のとおりとされた。

会計基準アドバイザリー・フォーラムのメンバー

<u>アフリカ大陸</u>
　・南アフリカ財務報告基準評議会（全アフリカ会計士連盟が支援）
<u>アジア・オセアニア地域</u>
　・企業会計基準委員会（日本）
　・オーストラリア会計基準審議会
　・中国会計基準委員会
　・アジア・オセアニア会計基準設定主体グループ（香港公認会計士協会が代表）
<u>欧州</u>
　・ドイツ会計基準委員会
　・欧州財務報告諮問グループ
　・スペイン会計監査協会
　・イギリス財務報告評議会
<u>アメリカ大陸</u>
　・ラテンアメリカ会計基準設定主体グループ（ブラジル会計基準委員会が代表）
　・カナダ会計基準審議会
　・アメリカ財務会計基準審議会

出所：http://www.ifrs.org/About-us/IASB/Advisory-bodies/ASAF/Pages/ASAF-Membership.aspx

注

1) この趣意書は，2001年にIASBが発足した際に現在の趣意書に取って替わった。現在の趣意書で定める財務諸表には，財政状態計算書，包括利益計算書，持分変動計算書，キャッシュ・フロー計算書，ならびに会計方針および説明的注記が含まれる。

6章 国際会計基準(IAS)および国際財務報告基準(IFRS)の特徴

1 ▶ IAS/IFRSの一覧

　IASCによって現在までに設定・公表されたIASは，全部で41にのぼっている。また，IASBは現在までに15のIFRSを公表している。これらのうち，13のIASはすでに廃止され，残りの28の基準書がIFRSに含まれて存在している。ここで，IAS/IFRSの一覧表を示すと，下記の通りである。

(1) IAS一覧

　IAS 1：Presentation of Financial Statements（財務諸表の表示）
　IAS 2：Inventories（棚卸資産）
　IAS 7：Statement of Cash Flows（キャッシュ・フロー計算書）
　IAS 8：Accounting Policies, Changes in Accounting Estimates and Errors（会計方針，会計上の見積りの変更および誤謬）
　IAS 10：Events after the Reporting Period（後発事象）
　IAS 11：Construction Contracts（工事契約）
　IAS 12：Income Taxes（法人所得税）
　IAS 16：Property, Plant and Equipment（有形固定資産）
　IAS 17：Leases（リース）
　IAS 18：Revenue（収益）
　IAS 19：Employee Benefits（従業員給付）
　IAS 20：Accounting for Government Grants and Disclosure of Government Assistance（政府補助金の会計処理および政府援助の開示）

IAS 21：The Effects of Changes in Foreign Exchange Rates（為替レート変動の影響）

IAS 23：Borrowing Costs（借入費用）

IAS 24：Related Party Disclosures（特別利害関係の開示）

IAS 26：Accounting and Reporting by Retirement Benefit Plans（退職給付制度の会計と報告）

IAS 27：Separate Financial Statements（個別財務諸表）

IAS 28：Investments in Associates and Joint Ventures（関連会社および共同支配企業に対する投資）

IAS 29：Financial Reporting in Hyperinflationary Economies（超インフレ経済下の財務報告）

IAS 32：Financial Instruments: Presentation（金融商品：表示）

IAS 33：Earnings per Share（1株当たり利益）

IAS 34：Interim Financial Reporting（中間財務報告）

IAS 36：Impairment of Assets（資産の減損）

IAS 37：Provisions, Contingent Liabilities and Contingent Assets（引当金，偶発債務，偶発資産）

IAS 38：Intangible Assets（無形資産）

IAS 39：Financial Instruments: Recognition and Measurement（金融商品：認識と測定）

IAS 40：Investment Property（投資不動産）

IAS 41：Agriculture（農業）

(2) IFRS一覧

IFRS 1：First-time Adoption of International Financial Reporting Standards（国際財務報告基準の初度適用）

IFRS 2：Share-based Payment（株式報酬）

IFRS 3：Business Combinations（企業結合）

IFRS 4：Insurance Contracts（保険契約）

IFRS 5：Non-current Assets Held for Sale and Discontinued Operations

（売却目的で保有する非流動資産および廃止事業）
IFRS 6 : Exploration for and Evaluation of Mineral Resources（鉱物資源の探査および評価）
IFRS 7 : Financial Instruments: Disclosure（金融商品：開示）
IFRS 8 : Operating Segments（事業セグメント）
IFRS 9 : Financial Instruments（金融商品）
IFRS 10 : Consolidated Financial Statements（連結財務諸表）
IFRS 11 : Joint Arrangements（共同支配の取り決め）
IFRS 12 : Disclosure of Interests in Other Entities（他の企業への関与の開示）
IFRS 13 : Fair Value Measurement（公正価値測定）
IFRS 14 : Regulatory Deferral Account（規制繰延勘定）
IFRS 15 : Revenue from Contracts with Customers（顧客との契約から生じる収益）

2 ▶ IASの設定プロセス

　IASCによるIASの設定・公表は，次のような一連の「正規の手続」（due process）を通して行われる（「国際会計基準委員会―その目的と手続―」27項）。
(1) IASC理事会は，討議の後，IASが必要と思われるテーマを選択し，それを起草委員会に割り当てる。
(2) 起草委員会は，IASCの事務局の助けを得て，関連する問題を検討し，割り当てられたテーマにつき論点整理を行い，論点の概要書を理事会に提出する。
(3) 起草委員会は，理事会からコメントを受け取り，基準の第1次草案を作成する。
(4) 理事会で草案を検討した後，当該草案を全会員団体に配布し，意見を求める。
(5) 起草委員会は，改訂草案を作成する。当該草案は，理事会で3分の2

以上の承認が得られた後に，公開草案（Exposure Draft）として公表される。あらゆる利害関係者にコメントが求められる。

(6) 草案の各検討の段階で，会員団体は指針（guideline）を求めて，当該団体の適当な会計調査委員会に照会する。

(7) 公開期間（通常6か月）が終了した後，IASCにコメントが提出され，担当の起草委員会で検討される。

(8) その後，起草委員会は理事会に改訂草案を提出し，IASとしての承認を求める。

(9) 基準の公表には，理事会の4分の3以上の承認が必要である。基準が承認された後に，全会員団体に送付され，翻訳・公表される。

以上のように，IASは，「テーマの選定」→「論点概要書の作成」→「第1次草案」（「原則書」）の作成→「公開草案の公表」→「理事会によるIASの承認と公表」という一連のプロセスを経て公表されることになる。なおIASCを継承したIASBにおいても，このような「正規の手続」は，受け継がれている。

3 ▸ IAS/IFRSの特徴

IAS/IFRSの主要な特徴として，特に次の諸点を指摘することができる。

第1に，会計基準設定のアプローチとして，IAS/IFRSは，従来の米国会計基準が明細かつ具体的な規定を設ける細則主義（ルール・ベース）に基づいているのに対して，IAS/IFRSは，それと対照的に，原理原則を明らかにし，例外を認めないという原則主義（プリンシプル・ベース）に基づいているという点である。例えば，収益認識基準についてみると，IFRSでは，IAS第11号「工事契約」および第18号「収益」という会計基準があるだけであるが，アメリカ会計基準では，SFAS，APBオピニオン，ARB，SECスタッフによる会計公報（Staff Accounting Bulletins：SAB），AICPAによる意見書（Statements of Position：SOP），緊急会計問題審議部会（Emerging Issues Task Force：EITF）の合意事項など広範かつ詳細な規定が設けられている。[1]

第2に，会計目的のレベルでみると，IAS/IFRSは，国際資本市場における投資家を中心とした情報利用者の経済的意思決定のために有用な会計情報を提供することを主要な目的としている。このような投資家保護を主眼とした会計基準は，基本的には，直接金融型資金調達方式の基盤のうえに成り立つものである。

　第3に，基準設定機関のレベルでみると，IASの設定機関であるIASCおよびIFRSの設定機関であるIASBは，共にそれに参加する職業会計士団体（会員）の合意に基づいて設立された自立的な組織であり，プライベート・セクターに属するものである。したがって，IASCおよびIASB自体は基準の遵守に対する法的強制力をもたない。そのため，IAS/IFRSの効力には一定の限界があることを認めなければならない。しかし，すでに述べたように，IOSCOがIASCの活動を支援したことにより，その強制力をバックとしてIAS/IFRSの遵守が推進されることになると考えられる。

　第4に，基準設定アプローチのレベルでみると，IAS/IFRSは，個々の主要なテーマ別（例えば，「棚卸資産の評価・表示」，「後発事象」，「工事契約」など）に基準を設定するという，「ピースミール・アプローチ」（個別基準設定アプローチ）によって設定された会計基準である。これと対比されるアプローチとして，日本の「企業会計原則」にみられるように，（一定の体系に基づく）包括的基準設定アプローチを挙げることができる。

　こうした個別的基準設定アプローチは，それ自体，包括的会計基準形成の土台をなす全体的枠組みを提示する必要がないから，個別の当面する問題につき適切な会計基準を比較的容易にかつ迅速に設定するという利点を有するが，その反面で，個々の会計基準間で相互に矛盾するか，あるいは整合性を欠くおそれが生じるという欠点を避けることができない。後にみるように，ここに「概念フレームワーク」の設定が必要とされる主要な理由の1つが存するのである。

　第5に，会計実務を規制する重要な基準である税法（特に法人税法）とのかかわりからみると，IAS/IFRSは，会計と税務（課税所得計算）とは別個であるという立場に立ち，税務上の要請から中立的であるという点が注目される。

以上のように，IAS/IFRSは，直接金融型資金調達方式の普及を背景に，主に投資家保護のための情報開示主義を基本的な理念として，グローバル化した資本市場における投資家等の情報利用者の経済的意思決定に有用な国際的に比較可能な会計情報（個別財務諸表および連結財務諸表を含む）を提供することを目的としたものであり，また基準設定機関として，IASCおよびIASBにみられるように，プライベート・セクターに属する職業会計士団体を重視し，さらに基準設定アプローチとして個々の問題ごとに基準を設定するという「ピースミール・アプローチ」を採用し，加えて，会計と税務とは別個のものであるという立場にたって，会計の国際的調和化さらに統一化を推進するための手段として設定・公表されたものであるということができる。

　IAS/IFRSの主要な特徴がこのように把握されるということは，とりもなおさず，これらの基準書が，基本的には，英米型会計の特質をもつものであることを示すものにほかならない。

注
1) あずさ監査法人 IFRS 本部編 2009, 18 頁を参照。

第3部

IAS/IFRS の展開と国際化への対応

ここでは，企業会計制度の国際的調和化・統一化を求めて公表されてきた IAS/IFRS の設定動向について取り上げるとともに，アメリカ，EU および日本の国際化への制度的対応について明らかにする。IAS/IFRS の現在までの発展過程において特に注目すべき問題を取り上げて説明する。

7章 IAS/IFRSの展開(その1)

1 ▶ IAS第1号「財務諸表の表示」の公表

　前掲の「IAS/IFRSの一覧表」に示されているように，IAS第1号は「財務諸表の表示」という表題になっているが，1975年1月に公表された当初は「会計方針の開示」という題名になっていた。このように変更された理由は，この基準書が，その後設定されたIAS第5号「財務諸表に開示すべき情報」(1976年10月公表)，およびIAS第13号「流動資産及び流動負債の表示」(1979年11月公表)と併合されて，1997年8月に新基準書（標記の「財務諸表の表示」）として公表されたためである。

　では，IASCは，当初，IAS第1号のテーマとして「会計方針の開示」という基本的なテーマを選定したのは，なぜであろうか。すでに学んだように，IASCは，1973年6月に，イギリスやアメリカなど9か国の職業会計士団体（会員）の合意を基礎にして設立された国際組織であり，プライベート・セクターに属する。したがって，IASCは，それ自体基準（IAS）の遵守に対する法的強制力をもたない。また，その存在も当時は広く認知されているわけではなかった。そのようなIASCの存立基盤を考慮すると，少なくとも設立当初は，主要な加盟国の会計基準と異なるIASを設定することは望ましくないといわざるをえない。そこで，IASCは，主要な加盟国との摩擦を避けるという配慮から意見の対立が少ないとみられる基本的なテーマを取り上げ，基準の設定を企てたと考えられる。そのような主旨から設立当初に設定・公表されたIASには，上記の第1号「会計方針の開示」をはじめ，第2号「棚卸資産」(1975年10月公表)，第3号「連結財務諸表」(1976年6月公表)，第

4号「減価償却の会計」(1976年10月公表)など一般的ないし基本的な基準がみられる。

2 ▶ 「財務諸表の比較可能性改善プロジェクト」の進展

(1) 公開草案第32号（E32）「財務諸表の比較可能性」の公表

　IASCは，上述のように，その存立基盤が脆弱なこともあって，設立当時から，IASの設定にあたり，加盟各国の会計基準の共通部分を集約し，その最大公約数としてIASを設定するという行き方を採用してきた。そのため，類似する取引事象について複数の代替的な会計処理方法が広範に容認され，国際的調和化の狙いとする財務諸表の国際的比較可能性の確保という目的を達成することは困難にならざるをえない。このような状況のもとで，標記のE32は，現行のIASで容認されている会計処理方法の自由な選択を排除し，財務諸表の国際的比較可能性を改善することを意図して1989年1月に公表されたのである。こうした「財務諸表の比較可能性改善プロジェクト」は，1987年6月にIASCの諮問グループに参加し，さらに翌88年11月の総会でIASCによるIASの改善作業を支持する旨を表明したIOSCOの支援を受け，それと協調して進められてきたのである。

　なお，ほぼ同じ時期の1989年7月にIASCより公表された「財務諸表の作成及び表示に関するフレームワーク」（「概念フレームワーク」）も，個別のテーマにつき「ピースミール・アプローチ」に基づいて設定されるIASの理論的な整合性を確保するうえで重要な意義を有するのである。

(2) E32「財務諸表の比較可能性」の提案内容

　上述のように，E32の主眼は，現行のIASで容認されている会計処理の自由な選択を可能な限り除去し，財務諸表の国際的比較可能性を高めることにある。そのために，E32は，IASで認められた代替的な会計処理の選択によって，企業の財務諸表における収益，費用，資産，負債および持分に関する

定義，認識，測定および表示に重大な影響を及ぼすであろう29の会計事項を取り扱っている（後出の「趣旨書」2項）。E32の提案の目的は，次の2点にある（同3項）。

(a) 代替的な会計処理が，類似する取引事象に関する会計処理に対して自由な選択としてある場合には，1つの会計処理を除き他の全部を除去すること。

(b) 代替的な会計処理が，異なる状況において適用しなければならない異なる会計処理としてある場合には，適切な会計処理が採用されることを確かめること。

ただし，「趣旨書」は，類似の取引事象に対して1つの会計処理方法しか認めないことを原則としながらも，いくつかの場合には，「標準処理」（E32では「優先処理」と呼ばれていた）と「認められる代替処理」とを識別して，複数の会計処理方法を認めている。

こうしたE32の提案事項について，IASCの理事会は，世界中から160通以上もの意見書を受領したが，これらの意見書およびその討議内容の検討結果に基づき，1990年7月に，趣旨書「財務諸表の比較可能性」を公表した。

(3) 「趣旨書」の提案事項

この「趣旨書」（1990年7月）では，E32で提案されていた改正事項を次の3つのタイプに区分し，整理している。

(a) E32における29の提案事項のうち21の事項に関しては，実質的な変更なしに確定することとし，IAS（改訂版）に含めること。これらの事項は，そのまま各基準書（IAS第8号，11号，16号，18号，19号，21号，22号，25号）に反映された（1993年11月に確定）。

(b) E32における3つの提案事項に関しては，実質的な変更が必要であり，したがって，それらの草案を再公開しなければならないこと。この3つの事項とは，IAS第2号「棚卸資産の原価配分」，9号「開発費」および23号「借入費用」である。これらのうち，「開発費」を除く2項目については，最終的な改訂（1993年11月）の際に再度E32の案の内容に戻されて現在の内容となった。

(c) さらに、5つの事項に関しては再検討することとし、今後の作業結果が得られるまで保留しなければならないこと。その事項は、IAS第17号「リースの会計処理」について、ファイナンスリースに関する金融収益の認識と、25号「投資の会計処理」について、長期投資の測定、長期投資として保有される市場性のある持分証券の測定、短期投資の測定および短期投資の時価の増減の認識の4つである。この後者の4つの事項についての検討は、「金融商品プロジェクト」の今後の作業結果が得られるまで保留されることになっている。

以上のように、E32を基礎とし、「趣旨書」で確定された改訂内容に基づいて、IASの具体的な改訂作業が進められ、1993年11月に、10項目(IAS第2号、8号、9号、11号、16号、18号、19号、21号、22号、23号)のIASの改訂が行われたことをもって、「財務諸表の比較可能性改善プロジェクト」は完了することとなった。

IAS/IFRSの展開(その2)
―「コア・スタンダード」の設定作業―

1 ▶「コア・スタンダード」の設定に向けて

　前項で指摘したように，IASCは，IOSCOの支持のもとに，「財務諸表の比較可能性改善プロジェクト」を実行した。そして，その完成をもって，代替的会計処理方法が大幅に削減されたことにより，IASに準拠して作成される財務諸表の比較可能性は著しく高められることになった。そのため，IASCは，IOSCOからIASに対する包括的な承認が得られるものと期待していた。しかしIOSCOは，この段階では，承認を与えなかった。

　その後，IOSCOは，1993年8月に，「コア・スタンダード」(core standards)と呼ばれる41の項目に及ぶ広範囲の会計基準のリストをIASCに提示し，IASCがこれを完成すれば，IASを一括承認するという意向を表明した。ここにいうコア・スタンダードとは，国際的に資金調達を行う企業が財務諸表を作成するために最低限必要であるとして指定された包括的な会計基準のリストである。その問題領域は当時のIASよりも広い範囲にわたっていた。そして，IASCは，この包括的な会計基準のリストを作成することに同意したのである。

　IOSCO(第1作業部会)は，コア・スタンダードの設定に向けて，個々のIASがコア・スタンダードに対応するかどうかを個別的に検討し，評価した。そして，(1)IASCが検討しない限り，コア・スタンダードを受け入れることができないIASを「改訂必須項目」，(2)必ずしも検討を加えなくても受け入れ可能な項目を「検討留保項目」として区分し，さらにこれら以外に，(3)財務諸表の全体にわたる比較可能性および透明性が高まる「その他の項目」，

および(4)「潜在的な長期プロジェクト」とに区分して，IASの個別評価を行った。

2 ▶ IASCによる「コア・スタンダード」の設定作業の進展

　上述のようなIOSCOの要請を受けて，IASCがコア・スタンダードに基づいてIASを改訂しない限り，IASが「国際的に認められる会計基準」としての地位を確保することは困難であることが明らかになった。そこで，IASCは，IOSCOの要請に従い，コア・スタンダードを設定する作業に着手したのである。

　1995年7月に，IASCは，IOSCOのコア・スタンダードの設定に対する要請に沿って，IASを見直す作業を1999年6月までに完了するという計画を策定した。IOSCOも，その作業計画が予定通りに完了するようにIASCと協調して作業を進めることを約束した。このように，IASCとIOSCOとの協調関係が結ばれたことによって，IASCによるIASの設定作業は，IOSCOという国際的な証券市場の規制機関の支援のもとに進められることになったのである。

　1996年3月に，IASCは，コア・スタンダードの完成目標を15か月前倒しして1998年3月とすることを決定した。そして，IOSCOによるIASの包括的承認に向けて，コア・スタンダードの完成を最優先の課題として，そのための作業を推進したのである。なお，後になって完成目標は1998年末までに変更された。

　1998年12月に，IASC理事会においてこれまで最大の懸案事項として扱われたIAS第39号「金融商品：認識及び測定」が承認された。これによって，コア・スタンダードはほぼ満たされることになり，その設定作業は実質的に完了することになった。残された課題は，ただ1つ「投資不動産の会計」であった。これは，従来IAS第25号「投資」に含まれていたが，IOSCOの要請を受けて，それから独立させてそれ自体コア・スタンダードに含めることになり，2000年3月にIASC理事会において，IAS第40号「投資不動産」として承認され，同年4月に公表されるに至った。そして，これをもって，

IASCによるコア・スタンダードの設定作業は完了したのである。

こうしたIASCの設定作業の進展に呼応して，IOSCO（第1作業部会）は，1999年初めにコア・スタンダードのレビューを開始し，2000年3月にコア・スタンダードを承認する旨を表明した。そして，同年5月に，IOSCOは，IASの検討・評価を終えて，国際的な資本市場で資金調達する企業に対して，IASに従い財務諸表を作成することを承認する旨を勧告した。このように国際的な証券市場の公式の規制機関であるIOSCOがIASをコア・スタンダードとして承認したことにより，国際的な証券市場で資金調達するグローバルな企業（多国籍企業）は，IASに準拠して財務報告を行うことになり，それによって，従来これらの企業が直面したような会計実務上の問題の多くは解消されるものと期待された。

3 ▶ SECによるコンセプト・リリース「国際会計基準」の公表

SECは，1996年4月に，IASCとIOSCOが協調して進めているコア・スタンダードを支持する意向を表明した。その際，SECは，IASCのコア・スタンダードを評価する際に適用される判断基準として次の3点を提示した。

(1) 基準が一般に認められるもので，包括的であること（包括性）
(2) 基準が高い品質を維持していること（高品質性）
(3) 基準が厳格に解釈され，適用されること（解釈および適用の厳格性）

これらの判断基準は，「鍵となる3要素」と呼ばれている。1999年9月に，SECは，1998年にIOSCOが承認した国際的開示基準（International Disclosure Standards）を採択したが，その採択の際にもこの「鍵となる3要素」が適用されている。

2000年5月に，IOSCOがコア・スタンダードを承認する直前の同年2月に，SECは「国際会計基準」という表題の「コンセプト・リリース（Concept Release）」を公表した。このリリースは，26項目の質問事項を通じて，外国の証券発行企業がIASに基づいて作成した財務諸表を受け入れるためにはど

のような条件が必要であるかを判断するためのコメントを求めたものである。そのなかの20の質問事項は，SECが公表した先のSECの文書にみられるような(1)包括性，(2)高品質性，および(3)解釈・適用の厳格性という3つの評価基準に沿って行われている。

　コンセプト・リリースには，外国企業のIASによる財務諸表を認めるための具体的な条件として，次の4つの選択肢が示されていた。
(1)　現行の調整表方式を存続する。
(2)　現行の調整表方式に含まれるいくつかの調整項目を削除する。
(3)　IASによる財務諸表を認めるが，アメリカ基準とSECが要求する補足情報の注記による開示を認める。
(4)　IASによる財務諸表を全面的に認める。

　このようなコンセプト・リリースの質問に対してアメリカの関係機関をはじめ，世界各国から93通のコメント・レターが寄せられた。このうち諸外国から寄せられたコメント・レターは概して肯定的であったが，アメリカの関係機関からのコメント・レターは全般的に批判的であったといわれる。

9章 会計基準の国際的収斂

1 ▶ アメリカの対応

(1) FASBの会計基準設定活動の展開

　すでに述べたように，アメリカにおける現在の会計基準設定機関は，FASBであり，1973年に設立されている。FASBは，プライベート・セクターに属するが，それが設定するSFASは，アメリカにおける証券取引規制機関として1934年の証券取引所法に基づいて設置されたSECのASR第150号により「実質的に権威のある支持を有するもの」とみなされたものである。

　FASBは，1990年代に入って，アメリカの会計基準（US-GAAP）とIASとを収斂（コンバージェンス）することを主要な活動目標として掲げ，そのための活動を開始している。

　ここで，「会計基準のコンバージェンス」の意味内容について説明しておこう。上述のように，近年，IAS/IFRSが特に情報開示の視点から高品質のグローバル・スタンダードとしての地位をしだいに高めて行くなかで，各国はこれを自国の会計基準として採り入れる方向にある。これには2つの形態が見受けられる。

　1つは，例えば，EUにみられるように，IASが自国の基準に適合しているか否かを検証したうえで，これを最低限上場会社の会計基準として採用する形態である。これはアドプション（adoption，採用）と呼ばれる。

　いま1つは，自国の会計基準を維持しながら，自国基準とIASとの差異を可及的に縮小して両者のコンバージェンスを図るという形態である。FASBは，この2つの方法のうち，US-GAAPとIASをコンバージェンスするという行

き方を採用しようとしているのである。以下，この問題について考察する。

(2) 「FASBの国際的諸活動計画」の公表

　さて，FASBは，1990年代に入ると，その本来の職務である国内会計基準の設定開発業務に関連して，国際的な活動を展開している。その出発点をなした文献として，標記の文書「FASBの国際的諸活動計画」（FASB's Plan for International Activities，初版は1991年公表，改訂版は1995年公表）を挙げることができる。

　この文書では，FASBが国内会計基準の設定に関連して，国際的諸活動計画に参画する目的として，特に(1)会計基準の国際的比較可能性を高めること，(2)アメリカ国内で使用する会計基準の品質を高めること，および(3)アメリカの資本市場での内外企業に対する対等な財務諸表作成・開示要件の促進の3点を掲げている。そして，これらの目的を追求する手段は，①会計基準設定活動，②国際的リエゾン活動（連携活動）および③国内開発活動の3つである。

　このうち，まず，会計基準設定活動とは，特定の問題を解決したり，各国間の会計基準の相違を削減することを目的として，他国の会計基準設定機関と直接に協力することをいう。その具体的な戦略実行計画は，多国間会計基準の共同プロジェクト計画とUS-GAAPよりも優れたIASや外国の会計基準の採択の検討から成る。

　次に，国際的リエゾン活動（連携活動）とは，FASBと他国の会計基準設定機関との間で情報等の交流を図るために，協力関係やコミュニケーションを促進する国際的なネットワークを構築し，維持する活動をいい，FASBのIASC基準策定プロセスへの積極的な参加，基準設定のための国際的ネットワークの強化，ならびに国際会議などへの出席の機会を活用した会計基準設定機関とのコミュニケーション・プログラムへの拡張等，をその具体的な戦略実行計画として掲げている。

　最後に，国内開発活動は，事前の予防を講じた国内政策や手続などを通じて，FASBおよびそのスタッフに対して国際的な会計の諸問題についての自覚と知識を養うことを目指したものである。スタッフ開発の継続，デュー・プロセス（「正規の手続」）の研究，FASBプロジェクトにおける外国会計基準

やIASC会計基準の検討の継続などがその具体的な実行計画である。

　これらの手段は，次項でみるように，2002年10月にFASBとIASBとの間に結ばれた「ノーウォーク合意」に基づく会計基準のコンバージェンスを促進する活動と密接に関連している。

(3) 「ノーウォーク合意」の公表

　上述のような活動を展開するなかで，FASBは，2002年9月に，その本拠地であるコネティカット州のノーウォークにおいて，IASBと合同会議を開き，国内およびクロスボーダー双方向けの財務報告に適用される会計基準の質の高いコンバージェンスを目指して，同年10月に「覚書：ノーウォーク合意」を結んだ。この「合意」は，アメリカ会計基準とIASの中長期的なコンバージェンスへの取り組みを公式に表明したものとして画期的なものであるといわれる。具体的には，FASBとIASBが，実行可能な限り早期に，双方の現在の財務報告基準を完全に互換性のあるものにし，かつ互換性がいったん達成されるならば，それが維持されることを確実にするために双方の将来の作業プログラムを調整することをその内容としている。

　この「合意」に基づいて，FASBは，IASBと下記のような6つのプロジェクトに着手し，会計基準のコンバージェンスを進めている。

(1) IASBとの共同プロジェクト（概念フレームワーク，企業結合，財務諸表の表示，収益の認識など）
(2) 短期コンバージェンス・プロジェクト（棚卸資産，資産の交換，会計処理の変更と誤謬の訂正，1株当たり利益，貸借対照表の分類など）
(3) IASBリエゾン・メンバーのFASB本部への常勤
(4) FASB本部によるIASBプロジェクトのモニタリング（監視）活動
(5) コンバージェンスに関する調査研究プロジェクト
(6) FASBのすべての審議議題の決定においてコンバージェンスについて明示的に検討すること。

(4) その後のコンバージェンスに向けての展開

　その後，2006年2月に，FASBとIASBは，「覚書：IFRSとUS-GAAPの

コンバージェンスのためのロードマップ2006-2008」(2008年9月に一部改訂)を公表した。本覚書は，コンバージェンスの進展をめざし，最終的に，アメリカに上場するIFRSを採用する外国企業に対して要求されていた差異調整表を廃止するためのロードマップを明らかにしている。ここでは，具体的事項として，「短期コンバージェンス」と「その他の共同プロジェクト」からなる行動計画を示している。「短期コンバージェンス」項目としては，公正価値オプション，減損，法人税，投資不動産，研究開発費，借入コスト，政府補助金，ジョイント・ベンチャー，セグメント報告が指定され，これらの作業を2008年末までに完了させることを公表した。また，「その他の共同プロジェクト」としては，企業結合，連結財務諸表，公正価値測定ガイダンス，負債と持分の区分，業績報告，退職給付，収益認識が指定され，2008年までに作業を進め，共同で会計基準を設定することをも含め，検討することで合意した。

　このようにして，アメリカにおいてコンバージェンスが進展するとともに，国際的にもIFRSの使用が拡大している状況を受け，SECは，2007年11月に，IASBが発行するIFRSに従って財務諸表を作成するアメリカ国内で上場する外国企業に対して差異調整表を作成することを廃止する決定をした。また，2008年11月には，「アメリカ企業によるIFRSを用いた財務諸表作成の可能性に対するロードマップ」を公表し，アメリカ企業に対するIFRSの使用についての方針を示すことになった。これによれば，特定の基準を満たすアメリカ企業に対して，2009年12月15日以降に終了する会計年度からIFRSを使用して財務諸表を作成することを許容すること，そしてその後のコンバージェンスの状況を評価したうえで，2011年にIFRSをアドプションするか否かを決定するためのロードマップが示された。

　このように，アメリカにおいては，IFRSとのコンバージェンスは加速的に展開するとともに，IFRSのアドプションに向けた方針も示されてきた。ただし，現時点では，IFRSの使用は外国企業に対して許容されるのみで，アメリカ企業に対しては認められておらず，アメリカにおけるアドプションの方法についていまだ議論が継続している状況である。

2 ▶ EUの対応（その1）

(1) EUにおける会計基準の国際的対応

① EC会社法指令—第4号指令「一定の会社形態の財務諸表」と第7号指令「連結財務諸表」の公表

EUにおける会計調和化の手段として重要な意義をもつのは，EC会社法第4号指令「一定の会社形態の財務諸表」（1978年7月理事会採択）と同第7号指令「連結財務諸表」（1983年6月理事会採択）である。これら2つの会社法指令（「会計指令」という）は，域内における資本会社（有限責任会社）と企業集団の親会社に対して，出資者および債権者等の保護のために，最低限必要な比較可能な会計情報（財務諸表および連結財務諸表）を作成・公表させることを目的として，加盟国内で異なる会計規定を同等化することを意図したものである。その基礎をなすのが前者の第4号指令である。

② EC第4号指令の特徴

さて，第4号指令は，資本会社の会計の基礎構造をなすものであり，財務諸表の構成，様式および内容，評価方法，ならびに附属説明書および年次報告書の内容，公示および監査等を取り扱っている。すなわち，本指令では，まず，総則において，財務諸表は，貸借対照表，損益計算書および附属説明書からなると述べたうえで，これらの財務諸表は，本指令に従って整然かつ明瞭に作成されるのみならず，会社の財産，財務および損益の状況について，真実かつ公正な概観を与えなければならないとして，基本原則ないし一般原則が掲げられている。次いで，貸借対照表および損益計算書の表示様式が提示され，また評価原則が規定されている。さらに，附属説明書や年次報告書の記載事項が指示されている。このように，本指令では，加盟国の会計規定を調和化するという範囲内であるが，企業会計（財務諸表）の全体にわたり，かなり詳細な規定が設けられているのである。その意味で，EC第4号指令は，包括的な会計基準としての内容を有するとみることができるであろう。この点に特に留意することが必要である。

EUでも，後にみるように，1990年代に入ってから，会計基準の国際的調

和化(「第2段階の調和化」=「域外調和化」)が開始されるのであるが,それは日本の場合のように,「企業会計原則」を少なくとも形式的には保持しながら,その周辺に,「ピースミール・アプローチ」と呼ばれる方法に基づいて個別のテーマごとに各取引に対応した会計基準を相次いで設定するという行き方ではなく,包括的会計基準であるEC第4号指令を改訂する(「現代化」する)行き方を選択したのである。この点にEUにおける会計の国際的調和化戦略の基本的な特質を見出すことができる。

(2) EUにおける「国際的調和化」の展開
① 「域内調和化」
(a) 「会計調和化」の目的

すでにみたように,会計の「調和化」(harmonization)とは,加盟国内の会計実務における差異の程度を制限することによって,その比較可能性を高めるための一過程を意味するのであって,「統一化」(uniformity)ないし「標準化」(standardization)のように,より厳格なかつ局限された一組の規則を強制することを意味するものではない,と定義される。

「域内調和化」(EU加盟国レベルでの調和化)は,まさにこの意味での「会計調和化」を指すものといえる。その理由は,EU域内の会計基準の調和化は,会計調和化の手段であるEC会計指令(第4号指令および第7号指令)を各加盟国の国内法として取り入れ,その会計規定を同等化することにより,財務報告について最低限必要な比較可能性と同質性を確保するという主旨での緩やかな「調和化」を目的としたものと解されるからである。

こうした「会計調和化」の目的は,会計指令では,その必要最低限の規定においても,加盟国間には,特に法的構造,事業慣習,あるいは税法などについてかなりの相違が存在しているという事実を勘案して,加盟国選択権という形で,また個々の企業の経営状況の特殊性を考慮して,企業選択権という形で,表示方法と,計上方法・評価方法の両面にわたって選択権がかなり広範に許容されている点である。このように会計指令で広範にわたり会計方法選択権が許容されているという事実は,指令の目的が厳格な「統一化」にあるのではなく,緩やかな「調和化」にあることを示すものにほかならない。

(b) 会計指令の国内法化

このような会計指令によるEU域内レベルでの会計基準の調和化作業は，1981年以降に開始されたが，その基底に加盟国における既存の異なる会計実務の源流をなす，「大陸型会計」と「英米型会計」という2つの異質的な会計システムの融合という問題を含むだけに難航した。そして，その各加盟国（旧加盟国12か国）における国内法化は1992年をもってようやく終了した。

すなわち，第4号指令については，1981年のデンマークおよびイギリスから始まり，1991年のイタリアを最後にして国内法化が終了した。また第7号指令については，1985年のフランスから始まり，1992年のアイルランドを最後にして国内法化が完了した。その結果，会計方法選択権（加盟国選択権と企業選択権を含む）の多様な行使に伴う負の問題を抱えながらも，ともかくも緩やかな調和化が実現することになった。これをもって，EU会計の国際的調和化の第1段階（「域内調和化」）はひとまず終了したのである。

(c) 2つのタイプの選択権

会計指令に含まれる主要な特徴として，選択権（option）が広範に許容されている点を指摘することができる。この場合，一口に選択権といっても，これには2つのタイプのものが含まれる。1つは，会計方法に関する選択権であり，表示方法選択権と処理方法（計上能力および評価方法を含む）選択権との2つがある。このうち，前者は，会計数値（利益数値など）には影響を及ぼさないために，しばしば形式的選択権（formales Wahlrecht）と呼ばれる。一方，後者は，会計数値に影響を及ぼすために，実質的選択権（materiales Wahlrecht）と呼ばれる。

いま1つは，その行使主体（加盟国か企業か）の視点からの選択権であり，加盟国立法選択権（Gestzgebungswahirecht）と企業選択権（Unternehmenswahlrecht）の2つがある。このうち，前者は，特に加盟国間に存在する重要な制度や実務上の相違を考慮して許容されたものであり，また後者は，個々の企業レベルの経営状況や会計処理などの特殊性を勘案して許容されたものであるといわれる。

② 「域外調和化」の展開
(a) EU 国際企業の国際資本市場からの資金調達

　EUでも，1990年代中頃から域内の企業活動のグローバル化の進展に伴い，「域外調和化」（「第2段階の国際的調和化」），つまりEUの枠を越えた世界レベルでの会計基準の「調和化」が進められている。この意味での調和化は，特に資本市場のグローバル化の進展とIOSCOの支援を受けたIASの新たな展開のなかで，連結財務諸表のレベルでEC会計指令を国際基準，特にIASに適合させることを指向したものである。その背景には，特に1993年頃からEUの国際企業のなかで，ニューヨーク証券取引所を中心とした国際資本市場から資金調達を企てる動きがしだいに活発になるにつれて，主要な情報開示手段である連結財務諸表について国際基準（US-GAAPまたはIAS）と（EC会計指令に適合した）国内基準とに準拠した二組の情報の作成・公表に伴う超過費用負担と投資家の側での投資判断などの問題が生じたために，これらの問題を解消するという社会的要請が見出されるのである。

(b) EUの新会計調和化戦略

　このような問題に直面して，欧州委員会は，EUの国際企業に課せられた二重の負担を速やかに解消し，また投資家を保護するために，下記の一連の文書を公表し，そのなかで国際的調和化さらに統一化に向けての新しい戦略を展開している。

(i) 1995年11月の欧州委員会文書
　　「会計の調和化；国際的調和化に向けての新戦略」

　この文書は，IASCによって推進されている国際的調和化のプロセスを支持し，EUとしてそれに関与する旨を表明している。そして，優先課題として，第4号指令に基づいて設置された「会計指令折衝委員会」で，特に連結財務諸表に焦点を当てて，既存のIASとの一致について検討することを提案したのである。こうしたIASとの一致についての確認は，加盟国が自国の大会社にこの基準（IAS）に準拠して財務諸表を作成することを許容するための第一歩であるからである。この文書は，欧州が「域外調和化」（「第2段階の調和化」）においてとるべき基本戦略の方向を示したという意味で重要な意義

を有するのである。

(ii) 2000年6月の欧州委員会の欧州閣僚理事会および欧州議会宛文書
「EUの財務報告戦略；前方への道」

この文書は，2000年3月に開催された欧州閣僚理事会の決議を踏まえて，単一の効率的な欧州証券市場の実現を加速するためには，財務諸表の比較可能性を高めることが財務報告の領域における緊急の行動として要請されるとし，そのために今後採るべき措置を提示している。その要点は次の通りである。

(1) 2000年末までに，欧州のすべての上場会社（約6700社）は，連結財務諸表をIASに準拠して作成することが要求される。これには遅くとも2005年末までの移行期間が予定される。

(2) 加盟国は，非上場会社，とりわけ非上場金融機関および保険会社に対しても，IASに準拠して財務諸表を公表することを要求または許容することができる。

(3) 個別財務諸表については，配当規制上または税法上の要請を伴うために，IASを適用することが不適当または無効になることさえある。ただし，個別財務諸表についても可能な限りIASを適用することを勧告する。

(4) IASがEUの会計基準として効力を有するためには，IASをそのまま受け入れるのではなく，政策のレベルと技術のレベルの2段階にわたる承認手続が必要である。

以上のように，欧州委員会が特にIASCの国際調和化作業を明確に支持する旨を表明した理由は，IASCによるコア・スタンダード・プロジェクトが完成し（2000年3月），IOSCOがIASを支持する旨を表明したこと（2000年5月）により，IASはもはや無視することができないことに加えて，US-GAAPにはEUとして何ら影響を与えることはできないが，IASの設定には一定の影響力を行使することができることに求められるのである。このようにして，EUでは，特に連結財務諸表についてIASに準拠して作成することが要求され，その結果，既存の会計指令をIASに従って改訂すること（すなわち「現代化」すること）が必要となったのである。

3 ▶ EUの対応（その2）

(1) EUにおける会計調和化―統一化戦略の実施

　こうした展開を踏まえて，EUでは，前掲の文書に基づいて，新調和化戦略―統一化戦略が実施されることになった。それは，EUの政策遂行手段である「指令」や「規則」を新設ないし改訂するという形で行われたが，その主要な内容は，調和化―統一化の戦略目標であるIASとの一致を図るために，既存の会計指令（第4号指令・第7号指令）を改訂する（「現代化」する）ことと，2005年1月以降EU域内の上場会社の連結財務諸表の作成に関してIASに準拠することを義務づけることの2点である。

① 2001年9月の（一定の金融資産・負債に係る）公正価値指令

　この指令は，EU域内における財務情報の比較可能性を確保するために，資本会社および銀行その他の金融機関の財務諸表および連結財務諸表に関し，IASと一致するようにEU会計指令を「現代化」することを目的として，特に一定の金融商品について公正価値により評価することを許容ないし要求するために，EC会計指令の評価規定を変更することを指示したものである。こうした趣旨から，第4号指令に「第7a節　公正価値評価」を新設し，そのなかに第42a条～第42d条を挿入している。そして，(1)加盟国にデリバティブを含む一定の金融商品を公正価値で評価することを許容ないし要求している（第42a条）。それは，保有目的に基づく「部分時価評価」を内容としたものである。(2)ここで「公正価値」とは，①信頼しうる市場が確認できる場合には，市場価値，②信頼しうる市場が確認できない場合には，一般に認められた評価モデルや技術により算定した金額である（第42b条）。(3)公正価値変動は，原則として，損益計算書に認識する。ただし，売却可能金融資産（日本でいう「その他有価証券」に該当する），ヘッジ会計のもとでヘッジ手段として扱われている金融商品などの価値変動については，持分の公正価値準備金に計上する（または計上することができる）（第42c条）。(4)金融商品の公正価値評価について附属説明書で開示する（第42d条）。

　同様に，第7号指令にも，このような第4号指令に定める第42a条～第42d条に対応する条文が挿入される。

② 2002年7月の「IAS規則」

これは，前節の(2)の②の(b)の文書（p.91）における提案を具体化したものであり，2005年1月1日以降，EU域内の上場会社の連結財務諸表をIASに準拠して作成することを義務づけたものである。それに加えて，この規則は，上場会社の個別財務諸表，ならびに非上場会社の個別財務諸表をIASに基づいて作成することを加盟国選択権として容認している。

③ 2003年6月の「現代化指令」
（「一定の形態の会社，銀行その他の金融機関および保険企業の財務諸表および連結財務諸表に関する指令を改正する指令」）

この指令は，第4号指令および第7号指令にIAS/IFRSの発展を反映させることによって，その「現代化」を図るためのものであり，そのため「現代化指令」と呼ばれる。これは加盟国に対してIASに準拠した会計規制を行うことを指示したものであり，その主要な事項は次の通りである。

(a) 加盟国は，貸借対照表，損益計算書以外の計算書を財務諸表に含めることを許容または要求することができる。これは，キャッシュ・フロー計算書の導入を想定したものであると解される。
(b) 加盟国は，会計報告の対象である取引または契約の実質を反映するような金額を損益計算書・貸借対照表に記載することを許容または要求することができる。これは連結財務諸表に限ることができる。
(c) 加盟国は，金融商品以外の一定の種類の資産の評価に公正価値に基づく金額を付すことを許容または要求することができる。

(2) **まとめ―EUにおける会計基準のコンバージェンス**

以上述べたように，EUにおける会計基準の国際的調和化さらに国際的統一化戦略をみると，それは，IAS/IFRSへの準拠という明確な戦略目標に基づいて，一方で，包括的会計基準であるEC第4号指令および第7号指令自体をIAS/IFRSに可及的に一致するように改訂するという行き方（「現代化」という）が採用されている（これは「コンバージェンス」に該当すると解される）とともに，他方で，「IAS規則」によりIAS/IFRSをEU会計基準とし

て取り入れ，特に域内上場会社の連結財務諸表をIAS/IFRSに準拠して作成することを義務づけるという行き方（これはアドプションである）が採用されているのである。このように，EUでは，コンバージェンスとアドプションという2本立ての国際的調和化―統一化戦略が展開されてきたのである。

さらに，EUでは，特にアドプションに関連して，欧州市場で資金調達を行う外国企業についても当初は2007年1月から，「IAS/IFRSまたはこれと同等と認められる会計基準」に従って連結財務諸表を作成することが要求されたが，アメリカ，カナダ，日本などIAS/IFRSを採用していない諸国におけるコンバージェンスに向けての努力に配慮して，2009年1月からに延期されることになった。これは，欧州証券規制当局委員会（CESR）による「同等性評価」の問題と呼ばれ，日本，アメリカ，カナダにIAS/IFRSとの差異に対する補正措置とコンバージェンスへのさらなる対応を迫ることとなった。

4 ▶ EUにおける「会計調和化の新たな展開」

(1) 会計指令の廃止と新会計指令の国内法化

EUでは，2013年6月26日付指令第2013/34/EU号で，会社法第4号指令「一定の会社形態の財務諸表」（1978年7月24日理事会採択）および第7号指令「連結財務諸表」（1983年6月13日理事会採択）を廃止し，「財務諸表および連結財務諸表の法定監査」（2006年理事会採択）を改正した。この新会計指令の発効日は2013年7月20日であり，EU加盟国は，2015年7月20日までに新指令に準拠するよう国内法制度を整備しなければならない。

(2) 企業規模に対応した水準の会計情報

新会計指令は，企業の規模とそれに対応する会計情報を調和させるために，企業を規模別に5つのカテゴリーに分類している。すなわち，零細企業，小規模企業，中規模企業，大規模企業および公益企業体（public-interest entites）である。なお，公益企業体は規模にかかわらず大規模企業として取り扱われる（14条）。

(3) 選択権の広範な許容

　指令は，貸借対照表，損益計算書および附属明細書を含む年次財務諸表（個別財務諸表および連結財務諸表）の作成を規定し，加盟国選択権のもとで企業規模に応じた水準の会計情報の提供が可能となるように修正している。零細企業および小規模企業について，貸借対照表または損益計算書の要旨の作成を認める選択権または，一定の条件のもとで，財務諸表の公表を免除する，あるいは損益計算書または附属明細書の作成を免除する選択権を規定している。

5 ▶ 日本の対応

(1) 日本における会計基準の国際的対応

① 企業会計制度の改革と「ピースミール・アプローチ」の採用

　日本では，1990年代の後半から，経済のグローバル化の進展を背景にして，国際資本市場を含む資本市場における投資家に比較可能な会計情報を提供するために会計基準の国際的調和化さらに統一化を図ることが企業会計制度改革の重要な課題であるとされた。そして，こうした日本の企業会計制度の国際的対応に向けての作業は，特に1996年に開始された「金融ビッグバン」（金融・資本市場をフリーで，フェアで，グローバルなものにするための金融システム改革）と呼応して，急ピッチで進められた。そこでは，IASとの一致という明確な戦略目標は示されないまま，従来企業会計制度の中核をなす包括的・体系的な会計基準として位置づけられてきた「企業会計原則」が，1982年4月に一部改正が行われた後は改訂の機会がなかったという事情を踏まえて，それを保持しながらも，その周辺で，いわゆる「ピースミール・アプローチ」に基づいて，FASB基準書やIASを参照し，個別財務諸表および連結財務諸表の両者に適用される新会計基準を個別的に設定し，かつ改訂するという作業が相次いで行われ，企業会計制度の大幅な改革が実施されている。

　このように1990年代後半以降に日本で実施されている企業会計制度の改革は，それが会計実務にもたらす影響の大きさを考慮して，しばしば「会計ビッグバン」と呼ばれる。こうした改革を通じて，日本の企業会計制度も，

連結財務諸表制度の見直しをはじめ，会計基準が設定され（第1部参照），国際的にみても遜色のないものとして整備されてきている。

② 「ピースミール・アプローチ」の意義と特質
(a) 2つのアプローチ
　会計基準を設定する場合，特定の問題領域別に個別的に会計基準を設定するアプローチと，企業会計の全体を網羅した包括的な会計基準を設定するアプローチの2つがある。前者を「ピースミール・アプローチ」というのに対して，後者を「包括的アプローチ」という。一般に，英米の会計基準やIASは，「ピースミール・アプローチ」に基づいて設定されたものであるといわれる。このアプローチは，日本の「企業会計原則」のように，企業会計の全体にわたる包括的な会計基準の設定を目的としたアプローチ（「包括的アプローチ」）とは異質のものである。

(b) 「ピースミール・アプローチ」の利点と欠点
　こうした「ピースミール・アプローチ」は，会計実務の変化に対応して迅速にかつ機動的に適切な会計処理の原則または手続を提示することができるという利点がある。すでに学んだように，日本においては，特に1990年代の後半以降，企業活動の大規模化・グローバル化の一層の高まりのなかで，リース，企業年金，金融商品，固定資産の減損，企業結合などの取引事象について，従来の「企業会計原則」のような包括的な基準設定アプローチでは，それらを処理するための適切な会計基準を提示しえないという問題に直面して，こうした「ピースミール・アプローチ」によってこそ，これらの複雑な仕組みをもつ取引について個別的に適切な会計基準を提示し，会計実務の変化に迅速にかつ弾力的に対応することができると考えられたからにほかならない。
　しかし，「ピースミール・アプローチ」は，個別のテーマごとに会計基準を設定する方法であるから，会計基準相互間ないしはその全体をみると矛盾が生じ，首尾一貫性ないし整合性を欠くという問題に直面せざるをえない。したがって，このアプローチでは，こうした欠点をどのように是正し，会計基準の体系性・整合性を確保するかが重要な課題となる。

(c) 「概念フレームワーク」の意義

　この問題について，特に英米型会計の系譜に属する諸国の基準設定機関では，IASBやFASB等にみられるように「概念フレームワーク」を設定して，会計基準の体系性・整合性を確保しようとする試みが見受けられる。もともと，大陸型会計の系譜に属する日本についてみても，すでに述べたように，1990年代後半から，会計基準の国際化への対応が急速に進められ，国際資本市場からの資金調達を指向する方向が明確に見受けられたが，そのようななかにあって，企業会計基準委員会から2006年（平成18年）12月に討議資料「財務会計の概念フレームワーク」が正式に公表された。この「概念フレームワーク」は，FASBのフレームワークにならって，「財務報告の目的」，「会計情報の質的特性」，「財務諸表の構成要素」および「財務諸表における認識と測定」から構成されている。「概念フレームワーク」は，財務報告の目的を財務諸表利用者の意思決定に有用な情報を提供することとしたうえで，この目的と首尾一貫した会計基準の基礎にある前提や概念の体系を構築しようと試みたものである。したがって，これは演繹的アプローチに基づくものである。

　「概念フレームワーク」では，こうした財務報告の目的を基礎にした演繹的アプローチの採用によってこそ，上述のような「ピースミール・アプローチ」の採用のもとでも，体系的・整合的な会計基準を導出することが可能になると考えられているのである。

(2) 資産負債アプローチの採用

① 資産負債アプローチと収益費用アプローチ

　上述のような「ピースミール・アプローチ」に基づく個別の会計基準の設定を通じて，現行会計制度は，利益計算に関する2つのアプローチ（資産負債アプローチと収益費用アプローチ）のうち主に資産負債アプローチを取り入れている点が注目される。資産負債アプローチとは，利益を一期間における純資産の増加を示す測定値ととらえ，利益をストックとしての資産と負債の増減の視点から定義する方法である。ここでは，特に企業の富（純資産）の測定が重視される。他方，収益費用アプローチとは，利益を一期間における業績を示す測定値ととらえ，利益をフローとしての収益とそれに対応する

費用との差額の視点から定義する方法である。ここでは，企業活動の効率性の測定が重視される。収益費用アプローチは，フロー計算を中心とする損益法に基づく伝統的会計で採用されてきた方法である。

② 資産負債アプローチの重要性

　上述のように，資産負債アプローチは，利益の定義に際して特に資産負債というストックの視点（貸借対照表の視点）を重視するところに特徴がある。この方法では，中心概念である資産および負債が「企業の経済的資源および他の実体に資源を移転する義務の財務的表現」であると定義されるところから，フローを重視する収益費用アプローチとの間に計算の実質面においても，特に下記の2つの相違が生じると考えられる。

　第1は，貸借対照表の能力に関する相違である。①収益費用アプローチに基づく伝統的会計のもとで貸借対照表への計上が容認されてきた「計算擬制的項目」（経済的資源としての実体をもたない繰延費用や資源の移転義務を表さない繰延収益や引当金など）の計上が容認される。他方で，②経済的資源やその移転義務としての性質を有するが，例えばリース取引やデリバティブ取引のように，フロー計算の視点を重視する収益費用アプローチに基づく伝統的会計では，認識要件を満たさないためにオフバランスとして取り扱われる取引事象を資産・負債として計上することが可能になるという点である。

　第2は，測定属性（評価基準）における相違である。確かに，この点について，いずれのアプローチも特定の測定属性と必然的に関係づけられるものではないと指摘されることがあるが，しかし，資産負債アプローチは，特に資産の本質が「経済的資源」ないし「経済的便益」と規定されている点からみると，その測定属性として原理的には時価，特に将来キャッシュ・フローの割引現在価値が選択される関係にあると解される。

　以上説明したように，日本では特に1990年代後半以降，会計の国際化の急速な進展に対応するために，「企業会計原則」を維持しつつも，必ずしも明確な戦略目標が示されないままに，「ピースミール・アプローチ」を適用して個別的に新会計基準を次々に開発・設定してきた。そのような改訂作業を通じて，現行会計は，利益計算に関する資産負債アプローチを自己の枠内

に取り入れ,特に貸借対照表の能力と測定ないし評価の面から情報開示機能の強化を図り,その改善充実を企ててきた。しかし,IASとの一致という明確な戦略目標が示されなかったこともあってか,少なくとも最近までの展開をみる限り,IASとの統一化—コンバージェンスを推進するという点では限界があったことを認めざるをえない。

(3) 日本における会計基準のコンバージェンスの展開
① 東京合意の公表

日本において会計基準のコンバージェンスが明確な形で表明されたのは,2004年7月に企業会計基準委員会がIASBとコンバージェンスに関する協議を開始してからのことである。そして,それを受けて,2007年8月に「会計基準のコンバージェンスの加速化に向けた取組みの合意」を内容としたいわゆる「東京合意」が取り交わされて以降,それをめぐる作業は一段と加速化されてきている。具体的には,ここでは,日本基準とIAS/IFRSの間の差異の解消に向けて期限を設けて取り組むことが合意されたのである。それによれば,両基準の間に存在する重要な差異(「短期コンバージェンス」)については,2008年末までに解消を図ることが求められた。残りの差異(「その他のコンバージェンス」)については,2011年6月30日までに解消を図ること,そしてそれ以降に適用となる新たな基準との間の差異についてもコンバージェンスを達成するために,両者は,緊密に作業を行うことを求めるものである。このうち,「短期コンバージェンス」については,2005年に欧州証券規制当局委員会(CESR)が日本基準で作成された財務諸表に対して補正措置を提案している26項目について,差異を解消するかまたは会計基準が代替可能となるような結論を得ることを内容とするものであり,「その他のコンバージェンス」は,これに含まれない項目に係る差異についてコンバージェンスをもたらすことを内容とするものである。

これらコンバージェンスの具体的成果として,「短期コンバージェンス」に係る項目については,会計基準(工事契約,関連会社の会計方針の統一,金融商品の時価開示,資産除去債務,退職給付債務の計算,棚卸資産の評価,賃貸等不動産の時価開示,企業結合,企業結合時の仕掛研究開発の資産計上)

の公表・改正が行われ，合意事項の達成状況が確認された。また，「その他のコンバージェンス」に係る項目についても，会計基準・公開草案（セグメント情報に関するマネジメント・アプローチの導入，過年度遡及修正，包括利益の表示，企業結合，無形資産）が公表され，また，IASBと企業会計基準委員会との間で引き続き新たな会計基準の公表に向けた作業が進展されるなど，「東京合意」での合意事項が概ね達成されていることが確認されている。

② 「中間報告」の公表

このように，IAS/IFRSとのコンバージェンスが進展するなか，企業会計審議会より，2009年6月に「我が国における国際会計基準の取扱いに関する意見書（中間報告）」が公表された。それによれば，上場企業のうち，IAS/IFRSによる財務報告について適切な体制が整備され，国際的な財務活動・事業活動を行っている企業に対して，IAS/IFRSを用いて連結財務諸表を作成することを承認する方針が示された（これを「任意適用」という）。これを受け，金融商品取引法の改正が行われ，2010年3月期よりわが国においてもIAS/IFRSの使用が認められることとなった。

③ その後の展開

その後，企業会計審議会は，2013年6月に「国際会計基準（IFRS）への対応のあり方に関する当面の方針」を公表し，IAS/IFRSの制度化に向けての今後の方針を示した。それによれば，IAS/IFRSを適用できる企業について，「上場企業」および「国際的な財務活動・事業活動を行っている」という要件を廃止し，適用条件を緩和する方針を示した。また，適用されるIAS/IFRSについて，IASBが公表するIAS/IFRSのみならず，必要があれば一部基準を削除または修正して採択するエンドースメントの仕組みを設けることにより，エンドースメントされたIAS/IFRSについても適用可能とする方針を示した。これらの制度的対応により，IAS/IFRSの任意適用企業数の拡大を目指す動きが進展している。

第4部

概念フレームワーク

　ここでは，首尾一貫した会計基準を開発する際の準拠枠として機能し，会計基準間に整合性を与えるなど基準設定において重要な役割をもつ概念フレームワークについて取り上げる。特に，IASBを含む主要各国で公表された概念フレームワークについて，その設定状況と概要を明らかにする。

10章 日本の概念フレームワーク

1 ▶ 討議資料「財務会計の概念フレームワーク」の設定

　企業会計基準委員会は，わが国の会計基準を開発・設定するにあたり準拠すべき理論的に首尾一貫した概念フレームワークの開発に向けて，2003年より活動を開始した。その成果として，2004年7月に企業会計基準委員会の委託を受けた基本概念ワーキング・グループより討議資料「財務会計の概念フレームワーク」（以下，討議資料という）が公表された。その後，討議資料に寄せられた諸見解や討議資料の有用性に係る検討を経て，2006年12月に企業会計基準委員会基本概念専門委員会より改訂された討議資料が公表されることとなった。2004年版討議資料が，その時点における委員会の公式見解として公表されたものではなかったのに対して，2006年版討議資料は，企業会計基準委員会より正規の手続を経て公表されたものである。

2 ▶ 概念フレームワークの役割と構成

　討議資料では，概念フレームワークの性格ないし役割につき，およそ次の諸点を挙げている（討議資料，前文「概念フレームワークの役割」）。
　① 企業会計（特に財務会計）の基礎にある前提や概念を体系化したもの。
　② 会計基準の概念的な基礎を提供するもの。これにより会計基準に対する理解可能性やその解釈についての予見可能性が高まることが期待され

ること。
③ 財務諸表の利用者に資するもの。これにより利用者が会計基準を解釈する際に無用のコストが生じることを避けることが期待されること。
④ 既存の基礎的な前提や概念を要約するだけでなく，将来の基準開発に指針を与える役割をもつもの。

討議資料は，これに先行して公表されている諸外国の概念フレームワークとほぼ同様の構成をとり，以下の4章からなる。

第1章 「財務報告の目的」
第2章 「会計情報の質的特性」
第3章 「財務諸表の構成要素」
第4章 「財務諸表における認識と測定」

以下，これらの各章の要旨を紹介する。

3 ▶ 概念フレームワークの内容

(1) 第1章 「財務報告の目的」

第1章は，財務報告の目的について述べている。ここでは財務報告の目的について，投資家の意思決定に資するディスクロージャー制度の一環として，投資のポジションとその成果を測定して開示することにあるとする。

ディスクロージャー制度の基礎には，経営者と投資家との間に存在する企業情報に関する情報格差（情報の非対称性）がある。投資家に対する情報開示が不十分である場合には，投資家は企業の発行する株式や社債などの価値を自己の責任のもとで推定することはできなくなり，その結果，証券の円滑な発行・流通が妨げられることになる。そうした状況を解消するためには，経営者による私的情報の開示を促進させ，両者の間に存在する情報格差を埋めることが必要となる。財務報告は，こうしたディスクロージャー制度の一環として，投資家による企業成果の予測と企業価値の評価に役立つ情報を提供する役割を担っている。つまり，ここでは投資家の意思決定に有用な情報を提供することが，財務報告の主たる目的となる。

(2) 第2章 「会計情報の質的特性」

① 意思決定有用性

　第2章は，財務報告の目的を達成するにあたり，会計情報が備えるべき質的な特性について述べている。第1章で指摘されるように，財務報告の目的は，投資家による企業成果の予測と企業価値の評価に役立つ情報を提供することにある。この際に会計情報に求められる最も基本的な特性は，その目的にとっての有用性であり，討議資料ではこれを意思決定有用性と称している（1項）。意思決定有用性という特性は，すべての会計情報とそれを生み出すすべての会計基準に要求される規範として機能することになる。

② 意思決定との関連性と信頼性

　意思決定有用性は，意思決定目的に関連する情報であること（「意思決定との関連性」）と，一定の水準で信頼できる情報であること（「信頼性」）の2つの下位の特性により支えられている。このうち「意思決定との関連性」とは，会計情報が将来の投資の成果についての予測に関連する内容を含んでおり，企業価値の推定を通じた投資家による意思決定に積極的な影響を与えて貢献することをいう（3項）。会計情報が投資家の意思決定に貢献するためには，その情報が投資家の予測や行動を改善するだけの情報価値と情報ニーズを有していることが必要となる（4項）。「信頼性」とは，会計情報が信頼に足る情報であることをいい，情報に偏向がないこと（中立性），測定者の主観に左右されない事実に基づくこと（検証可能性），そして事実と会計上の分類項目との間に明確な対応関係があること（表現の忠実性）に支えられている（6項，7項）。

③ 内的整合性と比較可能性

　「意思決定との関連性」と「信頼性」を基礎から支える特性として「内的整合性」（個別の会計基準が，会計基準全体を支える基本的な考え方と矛盾しないこと）と「比較可能性」（同一企業の時系列比較や，同一時点での企業間比較を可能にすること）があり，これらが一般的制約として機能する（9項，11項）。これらを図示したものが次の図表1である。

図表1　会計情報の質的特性の階層図

出所：企業会計基準委員会2006，第2章22頁。

(3) 第3章「財務諸表の構成要素」

　第3章は，財務報告の目的を達成するために財務諸表に記載される構成要素が示される。具体的には，資産，負債，純資産，株主資本，包括利益，純利益，収益，費用について定義している。

① 資産，負債，純資産，株主資本

　ここで，資産とは，「過去の取引または事象の結果として，報告主体が支配している経済的資源」のことをいう（4項）。ここでいう，支配とは，所有権の有無にかかわらず，報告主体が経済的資源を利用し，そこから生み出される便益を享受できる状態をいい，また，経済的資源とは，キャッシュの獲得に貢献する便益の源泉をいう。次に，負債とは，「過去の取引または事象の結果として，報告主体が支配している経済的資源を放棄もしくは引き渡す義務，またはその同等物」のことをいう（5項）。ここでいう，義務の同等物には，法律上の義務に準じるものが含まれる。また，純資産とは，「資産と負債の差額」のことをいう（6項）。資産と負債に独立した定義が与えられているのに対して，純資産は資産と負債の差額概念として定義されている。純資産の構成要素としての株主資本については，「純資産のうち報告主体の所有者である株主（連結財務諸表の場合には親会社株主）に帰属する部

分」とする（7項）。この場合に，株主資本は株主との直接的な取引，または，株主に帰属する純利益によって増減する。子会社の少数株主との直接的な取引や，オプション所有者との直接的な取引で発生した部分は，株主資本から除かれることになる。[1)]

② **包括利益，純利益，収益，費用**

包括利益とは，「特定期間における純資産の変動額のうち，報告主体の所有者である株主，子会社の少数株主，及び将来それらになりえるオプションの所有者との直接的な取引によらない部分」のことをいう（8項）。すなわち，ここでは，資本取引を除く一定期間における純資産の変動額を包括利益と定義している。

また，純利益とは，「特定期間の期末までに生じた純資産の変動額（報告主体の所有者である株主，子会社の少数株主，及び前項にいうオプションの所有者との直接的な取引による部分を除く。）のうち，その期間中にリスクから解放された投資の成果であって，報告主体の所有者に帰属する部分をいう。純利益は，純資産のうちもっぱら株主資本だけを増減させる」とする（9項）。ここでは，純利益の定義において「リスクから解放された投資の成果」であることが示されている。投資のリスクとは，投資の成果の不確実性であるから，成果が事実となればリスクから解放されたとみなされる。

次に，収益とは，「純利益または少数株主損益を増加させる項目であり，特定期間の期末までに生じた資産の増加や負債の減少に見合う額のうち，投資のリスクから解放された部分」のことをいう（13項）。また，費用とは，「純利益または少数株主損益を減少させる項目であり，特定期間の期末までに生じた資産の減少や負債の増加に見合う額のうち，投資のリスクから解放された部分」のことをいう（15項）。すなわち，ここでは，収益と費用をともに報告主体の所有者に帰属する純利益および少数株主に帰属する損益の増減をもたらす要素として定めている。

なお，ここでは利益概念として包括利益と純利益が示されるが，これらの関係は次のようになる。包括利益のうち，(1)投資のリスクから解放されていない部分を除き，(2)過年度に計上された包括利益のうち期中に投資のリスク

から解放された部分を加え（リサイクリング），(3)少数株主損益を控除すると，純利益が求められることになる（12項）。

(4) 第4章「財務諸表における認識と測定」

　第4章は，財務諸表の構成要素の定義を満たした各種項目を，どのようなタイミングで財務諸表に認識し，どのように測定するかについて定めている。

　ここで，認識とは，ある構成要素を財務諸表の本体に計上することをいう（1項）。認識の契機となる事象は，金融商品の契約の一部を除き，基礎となる契約について少なくとも一方の履行が生じることが必要となる。また，いったん認識した資産・負債に生じた価値の変動も，あらたな構成要素を認識する契機となる（3項）。また，これに加え，認識対象となるためには，一定程度の発生の可能性が求められる（6項）。

　次に，測定とは，財務諸表に計上される諸項目に貨幣額を割り当てることをいう（2項）。ここでは，資産に適用される測定属性として，①取得原価，②市場価格，③割引価値，④入金予定額，負債に適用される測定属性として，①支払予定額，②現金受入額，③割引価値，④市場価格を挙げている。また，収益に対しては，①交換に着目した測定，②市場価格の変動に着目した測定，③契約の部分的な履行に着目した測定，④被投資企業の活動成果に着目した測定，費用に対しては，①交換に着目した測定，②市場価格の変動に着目した測定，③契約の部分的な履行に着目した測定，④利用の事実に着目した測定を挙げている（8項から52項）。

4 ▶ 概念フレームワークの位置づけ

　これまで，日本では，会社法会計が企業会計制度の中心に置かれ，現在の株主と債権者の保護ないし利害調整のための情報の開示と債権者保護のための配当規制（分配規制）の点から各種規制が定められ，制度整備が図られてきた。

　その一方で，金融商品取引法（証券取引法）のもとでは，投資家保護の見

地から，投資意思決定のために有用な情報開示規制が定められ，その趣旨に添い会計基準の整備が進められてきた。特に，近年，ディスクロージャー制度の拡充に資するよう会計基準が整備され，また，国際的調和化の進展に伴って会計基準の改正・新設が生じるなど，その展開は拡大の一途にある。そのような状況下においては，会社法会計の目的や会社法の法理念とは分離してディスクロージャー制度を規制し，会計基準を開発・改正していく必要がある。その際の準拠枠として機能する概念フレームワークが，わが国でも，今後，重要な役割をもつようになると指摘できよう。

注

1) 2013年9月に改正された「連結財務諸表に関する会計基準」では，非支配株主との取引によって生じた親会社の持分変動による差額を資本剰余金としている。

11章 イギリスの概念フレームワーク

1 ▶「財務報告原則書」の設定

　ASBは，その設立以降，会計基準の開発や再考の際に準拠すべき理論的に首尾一貫した概念フレームワークの開発に着手してきた。その成果として，1991年から1993年にかけて順次「討議草案：原則書」の各章を公表し，議論を重ねてきた。その後，1995年3月の公開草案および1999年3月の改訂公開草案の公表を経て，1999年12月に「財務報告原則書」(Statement of Principles for Financial Reporting，以下，原則書という) が確定し，公表された。

2 ▶ 概念フレームワークの役割と構成

　原則書では，その性格ないし役割につき，およそ次の諸点を挙げている（序文，目的）。
① 一般目的財務諸表の作成・表示の基礎にある原則を定めたもの。
② 会計基準の開発と再考において利用される首尾一貫した準拠枠を提供するもの。
③ 提案された会計基準の概念的基礎を明らかにし，会計基準が首尾一貫した基礎に基づいて開発されることを可能にするもの。
④ 財務諸表の作成者，利用者，監査人，その他の人々が会計基準形成に対するアプローチや報告される情報の質，機能を理解する助けとなるも

の。また，適用可能な会計基準が存在しない場合に助けとなるもの。

原則書は，これに先行して公表されているFASBやIASB（IASC）の概念フレームワークと主要な点においてほぼ同様であるが，ここでは以下の8章が設けられている。

第1章 「財務諸表の目的」
第2章 「報告企業」
第3章 「財務情報の質的特性」
第4章 「財務諸表の構成要素」
第5章 「財務諸表における認識」
第6章 「財務諸表における測定」
第7章 「財務情報の表示」
第8章 「他の企業の持分の会計」

以下，これらの各章の内容について紹介する。

3 ▶ 概念フレームワークの内容

(1) 第1章 「財務諸表の目的」

第1章は，財務諸表の目的，財務諸表の対象者と彼らの情報ニーズ，そしてその要求を満たすために求められる財務諸表の役割について述べている。

財務諸表の目的について，広範な利用者が報告企業の経営者の受託責任の評価や経済的意思決定を行う際に有用な情報を提供することにあるとする。ただし，広範な利用者すべての情報要求に応えることはできない。原則書では，広範な利用者のうち，特に，リスク資本の提供者である投資家の情報ニーズ（経営者が受託責任の役割をどれほど効率的に果たしたかを評価する情報と投資に関する意思決定を行う際に有用な情報）がすべての利用者にかなりの点で重なり合い，彼らの情報要求にもっぱら焦点を当てることによって財務諸表の目的は満たされると述べている。そして，その観点から，特に現在の投資家と潜在的投資家が当該企業の現金創出能力や財務弾力性を評価するのに有用な情報を提供することが財務諸表の役割であると述べている。

(第1章，原則および1.1-1.22項)

(2) 第2章 「報告企業」

　第2章は，有用な情報を提供する財務諸表を作成すること，そしてその財務諸表にすべての重要な活動と資源が報告されることが重要であるとの観点から，報告企業を識別し，その境界を定めることについて述べている。

　企業が財務諸表を作成し，公表するのは，財務諸表が提供する情報に対して正規の要求が存在する場合である。これは，財務諸表によって提供される情報が有用でなければならず，かつ，それによる便益がコストを超える必要があることを意味する。また，財務諸表の作成は経済的に一体性のある単位によって行われなければならない。これは，報告企業が支配するすべてを会計処理しているという会計責任を保証するとともに，報告企業の支配下にある活動と資源の決定可能な境界線を示すことになるからである。

　報告企業の境界線は，支配の概念によって決定される。それによると，単一企業の財務諸表（個別財務諸表）は当該企業が直接支配する資源に関して報告を行うものであり，その場合には，当該企業が報告企業となる。連結財務諸表は当該企業が直接および間接的に支配する資源に関して報告を行うものであり，その場合には親会社および子会社を構成する企業集団が報告企業となる。
(第2章，原則および2.1-2.20項)

(3) 第3章「財務情報の質的特性」

　第3章は，財務諸表が提供する情報が有用であるために，そなえるべき質的特性について述べている。

　それによると，財務情報を有用なものとする基本的な特質として「目的適合性」(relevance)，「信頼性」(reliability)，「比較可能性」(comparability)，「理解可能性」(understandability)の4つをあげている。ここで「目的適合性」とは，利用者の意思決定に影響を及ぼす情報能力をいい，情報が利用者の意思決定に影響を与える能力を有し，かつ意思決定に影響を与えるために時宜にかなって提供されるときに目的適合性をもつことになる。言い換えれば，

情報はそれが予測価値と確認価値を有する場合に、目的適合性を具備することになる。「信頼性」とは、完全かつ忠実に表現された情報内容をいい、当該情報が、表現上忠実であること、情報に偏向がないこと（中立性）、重要性の範囲内で情報が洩れなく完全であること（完全性）、重大な誤謬が排除されていること、そして不確実な状況下での判断や見積もりに注意が払われていること（慎重性）といった点から定義される。「比較可能性」とは、類似性や異質性を認識できる情報特性をいう。情報が、時系列比較や企業間比較を可能にするとき、当該情報は比較可能となる。「理解可能性」とは、情報利用者に情報の重要性を理解させる特質のことをいい、情報が提供される方法や情報の受け手の能力に依存する。
（第3章，原則および3.1-3.37項）

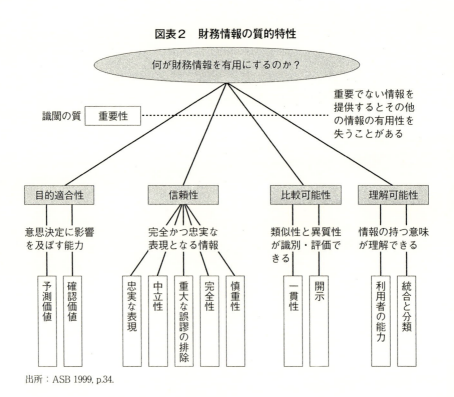

図表2　財務情報の質的特性

出所：ASB 1999, p.34.

(4) 第4章 「財務諸表の構成要素」

　第4章は，財務諸表に記載される構成要素の定義を定めている。ここでは，財務諸表に計上される5つの構成要素（資産，負債，所有者持分，利得，損失）と，所有者からの拠出および所有者への分配について定義を示している。

① 資産，負債，所有者持分

　まず，資産とは，「過去の取引または事象の結果として，企業が支配している将来の経済的便益に対する権利または他の利用手段」のことをいう（4.6項）。ここでは，資産を，将来の経済的便益に対する「権利または他の利用手段」として定義している点に特徴がある。「権利または他の利用手段」は様々な方法によって取得できる。例えば，それは資産項目の基礎にある法的所有権によって得られる。法的所有権は，通常，資産を，利用，売却，交換，借入の保証として担保提供することにより，将来の経済的便益を得ることができる（4.9項）。また，資産項目から引き出される将来の経済的便益に対する法的権利は，資産それ自体の法的所有権を取得することがなくても得ることはできる。その例は資産がリースされる場合である。他の法的権利は他の当事者に支払いやサービスの提供を要求する権利，また特許や商標を使用する権利を含む。将来の経済的便益の利用手段は，法的権利がない場合にも存在する。その例は特許を得ていない発明である（4.8-4.12項）。

　次に，負債とは，「過去の取引または事象の結果として，経済的資源を移転する企業の義務」のことをいう（4.23項）。負債であるためには経済的便益の移転をもたらす義務が存在しなければならない（4.24項）。ここでいう義務の概念には，企業が資源の流出を避けることができないということが暗示されている（4.25項）。多くの負債は法的義務に基づいているが，法的義務は必要条件ではない。取引上の要件が推定的義務を生む場合には法的義務がなくとも負債は存在する（4.26項）。

　所有者持分とは，「企業の資産総額から負債総額を控除した残余額」のことをいう（4.37項）。所有者持分は，資産と負債の残余額と定義されるため，ここでは負債と所有者持分との区別がとりわけ重要になる（4.38項）。

② 利得, 損失

利得とは,「所有者の拠出以外から生じる所有者持分の増加」のことをいう (4.39項)。また, 損失とは,「所有者への分配以外から生じる所有者持分の減少」のことをいう (4.39項)。この定義が示すように, 利得と損失には, 収益および費用だけでなく資産と負債の再評価から生じる利得と損失を含む広義の利益概念が前提となっていることが示されている。

③ 所有者からの拠出, 所有者への分配

所有者からの拠出とは,「所有者としての立場において所有者によりなされた移転から生じる所有者持分の増加」のことをいう (4.42項)。また, 所有者への分配とは,「所有者としての立場において所有者への移転から生じる所有者持分の減少」のことをいう (4.42項)。

(5) 第5章 「財務諸表における認識」

第5章は, 取引あるいはその他の事象によって生じるある項目を, 文字と貨幣額を付して財務諸表に計上する認識手続について述べている。特に, ある項目を財務諸表に計上する「認識」と計上されている項目の認識を中止する「認識中止」のプロセスについて定めている。

① 認識

取引あるいはその他の事象が, 新たな資産あるいは負債を生み出すか, または既存の資産あるいは負債を増加させる場合に, その影響は次の条件が満たされるときに財務諸表上に認識される。
 (a) 新たな資産あるいは負債が生じたこと, または既存の資産あるいは負債を増加させたことについて十分な証拠が存在すること。
 (b) 新たな資産あるいは負債, または既存の資産あるいは負債の増加が十分な信頼性をもって貨幣額で測定できること。

② 認識中止

資産あるいは負債は, 次の条件を満たすときに, 完全にあるいは部分的に

認識が中止される。
  (a) 取引あるいはその他の事象が，以前に認識した資産あるいは負債のすべてまたは一部を取り除くことについて十分な証拠が存在すること。
  (b) ある項目が資産あるいは負債であり続けたとしても，認識規準をもはや満たさないこと。
（第5章，原則）

(6) 第6章「財務諸表における測定」

　第6章は，財務諸表における測定を定めている。ここに測定とは，ある項目に貨幣額を割り当てることをいい，それには当該項目の測定基礎を選択し貨幣額を決定すること（当初測定）と，一定の事象が生じたときにその貨幣額を修正すること（事後測定）が含まれる。

　財務諸表の作成において，資産あるいは負債のカテゴリーごとに測定基礎が選択される。選択された測定基礎は，当該資産あるいは負債の性質および関連する状況を考慮に入れ，財務諸表の目的および財務情報の質的特性と最も適合するものが選択される。歴史的原価で測定される資産あるいは負債は，当初，取引コストで認識される。現在価値で測定される資産あるいは負債は，当初，取得あるいは引き受け時点の現在価値で認識される。

　事後測定は，次の場合にのみ実施される。
  (a) 資産あるいは負債の貨幣額が変化した十分な証拠があること。
  (b) 資産あるいは負債の新たな貨幣額が十分な信頼性をもって測定されること。
（第6章，原則）

(7) 第7章「財務情報の表示」

　第7章は，財務諸表における表示について定めている。それによれば，財務諸表は，主要財務諸表とそれを敷衍して説明する注記からなる。主要財務諸表は，財務業績計算書，財政状態計算書または貸借対照表，そしてキャッシュ・フロー計算書からなる。財務業績に関する情報の表示は，当該業績の構成要素と構成要素の特質に焦点を当てて行われる。財政状態に関する情報

の表示は，資産および負債の種類と機能，そしてそれらの関連に焦点を当てて行われる。キャッシュ・フローの表示は，企業の各種の活動がどの程度現金を生み出し，そして使用したかを示すように行われ，特に営業活動から生じるキャッシュ・フローとその他の活動から生じるキャッシュ・フローが区別される。財務諸表の注記に記載される情報は，認識に変わるものではなく，また主要財務諸表の誤表示や漏れを訂正あるいは正当化するものでもない。（第7章，原則）

(8) 第8章 「他の企業の持分の会計」

　第8章は，他の企業の持分の報告について定めている。報告企業が他の企業の持分を保有する場合に，個別財務諸表および連結財務諸表には，その影響を異なる視点から反映する必要がある。個別財務諸表は，報告企業が保有する他の持分について狭い見方をする。その結果，当該持分から生じる損益のみを，（採用する測定基準によっては）資本の増加を反映する。一方，連結財務諸表では，他企業の持分の処理方法は関係する影響の程度に依存する。すなわち，当該持分が他の企業の営業および財務の方針の支配を伴うものであるときには，被支配企業を報告企業の一部として組み込むことによって処理する。当該持分が他の企業の営業および財務の方針に関して重要な影響を及ぼすものであるときには，当該他企業の成果と資源の報告企業の所有割合を認識することによって処理する。これ以外の持分については，保有する他の資産と同様に処理する。（第8章，原則）

4 ▶ 概念フレームワークの位置づけ

　イギリスでは，1970年代以降，会計実務の指針として役立つ会計基準の開発が行われてきた。同時に，会計基準の国際的調和化または統一化の観点から会計基準のコンバージェンスが推進されてきた。こうした状況のもと，会計基準の開発や改正の際の準拠枠として機能する概念フレームワークの重要性が早くから認識されてきた。そのようななか，原則書は公表されたのである。

その後，会計基準のコンバージェンスが進展するとともに，2005年度からは上場企業の連結財務諸表にIFRSが適用された影響を受け，UK-GAAPの位置づけや構成にも変化が生じてきており，概念フレームワークの再構築が試みられている。

　具体的には，2013年3月に公表されたFRS102に概念フレームワークに相当する概念が明示されたことである。すでに第1部（30頁）で述べたように，FRS102は，これまでイギリスで公表されてきた会計基準を引き継ぐものであり，IFRSあるいは中小企業向け会計基準を適用しない企業に適用される新たなUK-GAAPとなる。そこでは，具体的な会計基準を定めることに加え，その前提となる概念として，財務諸表の目的，財務諸表における情報の質的特性，資産・負債・収益・費用の定義，認識・測定原則など概念フレームワークに相当する内容を定めている。また，その内容は，基本的に，IASBの概念フレームワークに近似しており，イギリスでは，個別の会計基準のみならず概念フレームワークに関してもIASBとのコンバージェンスが進展している状況にある。

12章 アメリカの概念フレームワーク

1 ▶ 「財務会計概念報告書」(SFAC) の設定

　FASBは、1970年代より、概念フレームワークの開発に取り組んできた。その成果として、1978年から2010年にかけて順次、SFACの各号を公表してきた。FASBの公表するSFACは、各国でその後公表された概念フレームワークの先駆けとなったもので、わが国の「財務会計の概念フレームワーク」、イギリスの「財務報告原則書」、後述するドイツ「正規の会計報告の諸原則」、フランスの「会計概念フレームワーク」およびIASB（IASC）の「財務諸表の作成及び表示に関するフレームワーク」のモデルとなったものである。

2 ▶ 概念フレームワークの役割と構成

　SFACは、将来の財務会計ないし財務報告の基準の基礎となる基本目的および諸概念を確立することを目的としている。FASBは、SFACが本来果たす役割として、特に次の諸点を挙げている（『概念的枠組み研究計画の範囲とその意義』20項）。
　① 会計基準設定の責任を負う機関にとって指針となるもの。
　② 公表された個別の基準がない場合に、会計上の問題を解決するための準拠枠を提供するもの。
　③ 財務諸表の作成にあたって下される判断の許容範囲を定めるもの。
　④ 財務諸表に対する財務諸表利用者の理解と信頼を高めるもの。

⑤ 比較可能性を高めるもの。

これら目的を達成するために，FASBは，これまでSFACとして以下の8つの報告書を公表してきた。このうち，第6号は，第3号の改訂版である。また，第8号は，IASBの概念フレームワークとの共通化プロジェクトによる公表物であり，第1号および第2号を改訂する内容となっている。

第1号「営利企業の財務報告の基本目的」（1978年11月）
第2号「会計情報の質的特性」（1980年5月）
第3号「営利企業の財務諸表の構成要素」（1980年12月）
第4号「非営利組織体の財務報告の基本目的」（1980年12月）
第5号「営利企業の財務諸表における認識と測定」（1984年12月）
第6号「財務諸表の構成要素」（1985年12月）
第7号「会計測定におけるキャッシュ・フロー情報および現在価値の使用」（2000年2月）
第8号「財務報告の概念フレームワーク　第1章　一般目的財務報告の目的，及び第3章　有用な財務情報の質的特性」（2010年9月）

以下，現行のSFAC（概念報告書）の各号の要旨を紹介する。

3 ▶ 概念フレームワークの内容

(1) 第8号第1章「一般財務報告の目的」

第8号の第1章は，一般目的財務報告の目的について述べたものである。ここでは，財務報告の主たる目的は，現在および潜在的な投資者，融資者，他の債権者が企業への資源の提供に関する意思決定を行う際に有用な，報告企業についての財務情報を提供することにあるとする。彼らは投資の意思決定にあたり，投資からもたらされるリターン（配当，元利支払い，市場価格の上昇など）に関する評価を行うが，その評価は，企業への将来の正味キャッシュ・インフローの金額，時期および不確実性（見通し）に関する評価に依存する。そのため，彼らは，企業への将来の正味キャッシュ・インフローの見通しを評価するために有用な情報を必要とする（OB2項，3項）。

その際，将来の正味キャッシュ・インフローの見通しを評価するために必要とされるのが，企業の経済的資源と企業に対する請求権（財政状態），およびこれらの変動（財務業績）に関する情報である。これらの情報源から，将来のキャッシュ・フローの見通しや，経営者が企業の資源を利用する責任をどれだけ効率的かつ効果的に果たしたかに関する評価が可能となると述べている（OB16項）。

(2) 第8号第3章「有用な財務情報の質的特性」
① 目的適合性と忠実な表現

　第8号の第3章は，財務報告の目的を達成するために必要となる財務情報の質的特性について述べたものである。ここでは，財務情報の質的特性は意思決定のための有用性を最も重要なものとして位置づける特性の階層構造としてとらえられるとして，特性の階層的理解を示している。それによると，「目的適合性」と「忠実な表現」が会計情報を意思決定に有用なものにする2つの基本的に重要な質として位置づけられることになる（QC5項）。

　ここで「目的適合性」のある情報とは，利用者による意思決定に相違を生じさせることのできる内容をもつことを意味し，それは「予測価値」と「確認価値」あるいはそれらの双方を含む情報をいう（QC6項，7項）。そして，財務情報が，利用者が将来の結果を予測するために用いるプロセスの手段として使用できる場合には「予測価値」を有し，また，過去の評価を確認したり変更できる場合には「確認価値」を有する（QC8項，9項）。すなわち，情報利用者による過去，現在の評価，将来の事象や成果の予測，あるいは事前の期待値の確認や訂正を可能にすることによって利用者の意思決定に影響を及ぼす情報能力をいい，そうした特性をもつ情報が目的適合性を具備することになる。また，「忠実な表現」は，財務情報が有用であるためには表現しようとしている現象が忠実に表現されていなければならないと定義され，完璧に忠実な表現であるためには，「完全」で，「中立的」で，「誤謬がない」という3つの特性を有することが要請される（QC12項）。

② 比較可能性，検証可能性，適時性，理解可能性

「目的適合性」と「忠実な表現」という基本的な質的特性を補強する質的特性として，次の4つを挙げている（19項）。

比較可能性：項目間の類似性や異質性を認識でき，企業情報の時系列比較や企業間比較を可能にする情報特性

検証可能性：特定の描写が忠実な表現であるという合意に達しうる特性

適時性：意思決定のための適時な利用可能性

理解可能性：情報の明瞭性・簡潔性

(3) 第4号「非営利組織体の財務報告の基本目的」

第4号は，非営利組織体の財務報告の基本目的について述べたものである。その内容は，（営利企業の）財務報告の基本目的を情報利用者の経済的意思決定に有用な情報を提供することにあると規定する第1号のそれと同じであり，営利企業と非営利組織体の特質の違いがみられるにすぎないとされている。

非営利組織体の特質として，第4号では次の3つを挙げている（6項）。

a）提供した資源に比例する返済あるいは経済的便益を受領することを期待しない資源提供者から相当額の資源を受け取ること。

b）利益あるいは利益同等物のために財あるいはサービスを提供すること以外に活動目的をもつこと。

c）売却，譲渡，あるいは償還が可能な明確な所有者持分がないこと，あるいは組織の解散に際して資源の残余分配を得ることが可能な明確な所有者持分がないこと。

非営利組織体に関する情報利用者としては，組織に対する資源提供者，組織によって提供されるサービスを利用し便益を得る構成員，組織の方針決定や管理者の監視と評価に対して責任をもつ統治監督機関，統治機関から命令された方針を実行し組織の日々の運営を行う管理者が想定されている（29項）。この場合に，財務報告は，組織体への資源配分の意思決定にとって有用な情報（35項），組織体によって提供されるサービスとそのサービスを提供する能力の評価にとって有用な情報（38項），管理者の受託責任と業績の評価にとって有用な情報（40項），経済的資源，義務，純資源，およびそれらの変

動についての情報（43項），を提供する役割を担っている。

(4) 第6号「財務諸表の構成要素」

　第6号は，第3号（「営利企業の財務諸表の構成要素」）の改訂版であり，非営利組織体をも含むようにその範囲が拡張されている。すなわち，ここでは，営利企業および非営利組織体の財務諸表に共通する7つの構成要素（資産，負債，持分（営利企業の場合）または純資産（非営利組織体の場合），収益，費用，利得，損失，および営利企業に特有の3の構成要素（所有者による拠出，所有者への分配，包括利益）について定義するとともに，非営利組織体の3つの区分（永久拘束純資産，一時拘束純資産，および非拘束純資産）とそれらの変動の定義を示している。

① 資産，負債，持分

　ここで，資産とは，「過去の取引または事象の結果として，ある特定の実体によって取得または支配されている発生の可能性の高い将来の経済的便益」のことをいう（25項）。この定義には，資産の3つの本質的特徴が示されている。すなわち，(a)単独または他の資産と結合して直接的または間接的に将来の正味キャッシュ・インフローに貢献する能力を有する発生の可能性の高い将来便益を表すこと，(b)特定の実体が便益を得ることができ，かつその便益に他の実体が接近することを支配できること，(c)便益に対する実体の権利または支配が生じる取引または他の事象がすでに生起していることである（26項）。

　次に，負債とは，「過去の取引または事象の結果として，他の実体に対して，将来，資産を移転するかサービスを提供するという特定の実体の現在の責務から生じる発生の可能性の高い経済的便益の将来の犠牲」のことをいう（35項）。この定義には，負債の3つの本質的特徴が示されている。すなわち，(a)特定の事象の発生または要求に従って，特定の日または確定日に，発生の可能性の高い将来の資産の譲渡または使用による弁済を伴う，1または1以上の実体に対する現在の義務または責任を表すこと，(b)特定の実体に将来の犠牲を避ける自由裁量をほとんどまたはまったく残さずに，その義務または責任が特定の実体に課されること，(c)実体に義務を負わせる取引または他の事象がすでに生起していることである（36項）。

また，持分または純資産とは，「負債を控除した後に残る実体の資産に対する残余請求権」のことをいう（49項）。営利企業と非営利組織体の両者の持分または純資産は，資産と負債の差額として定義されている（50項）。このうち，営利企業の持分は，企業とその所有者との間の直接的な取引と包括利益によって増減することになる。

② 包括利益，収益，費用，利得，損失
　包括利益は，アメリカの概念フレームワークにおいて提示された利益概念である。ここに提示された点を起点として，包括利益の概念は，各国の会計制度に広く普及することになった。ここに，包括利益とは，「所有者以外の源泉からの取引その他の事象および環境要因から生じる一期間における営利企業の持分の変動である。それは，所有者による投資および所有者への分配から生じるもの以外の，一期間における持分のすべての変動を含む」とされる（70項）。このように，包括利益は資産と負債の差額である持分にかかわらしめて，その変動を表すものと定義されるから，これはSFACの基礎にある「資産負債アプローチ」に基づく利益観であるということができる。これは，SFACで提示されているいま1つの利益概念である「稼得利益」よりも広範な源泉を有するものであり，時価評価と結合した場合には，そのなかに未実現評価損益が含まれることになる。
　稼得利益は，現行実務上の純利益と類似するが，厳密には同じものではない。現行の純利益には，当期に認識される過年度のある種の会計修正の累積的影響（前期損益修正）——その主要な例は会計原則変更の累積的影響である——が含まれるが，稼得利益からは除外されるからである。したがって，稼得利益は，「一期間の業績を示す測定値であり，当該期間に無関係な項目——本来他の期間に属する項目——をできる限り除外したものである」（SFAC5, 34項）と定義される。こうした稼得利益は，一期間における収益と費用の対応の結果として算定されるものであり，実体が一定の活動をいかにうまく達成したかを測定しようとしたものであるといわれる。したがって，稼得利益は，「収益費用アプローチ」に基づくものであると解される。
　このように，包括利益と稼得利益とは概念的に異なるものであるが，

SFACでは，包括利益を中核とし，その計算過程に稼得利益が中間的構成要素として組み込まれるという形で，この両者の結合が図られているのである。

包括利益を構成するのは，収益，費用，利得，損失である。収益は，「財の引き渡しまたは生産，サービスの提供，もしくは実体の進行中の主要なまたは中心的な活動を構成するその他の活動から生じる，実体の資産の流入またはその増加，もしくは負債の弁済（またはそれらの結合）」と定義される（78項）。そして，費用は，「財の引き渡しまたは生産，サービスの提供，もしくは実体の進行中の主要なまたは中心的な活動を構成するその他の活動の遂行から生じる，実体の資産の流出またはその消費，もしくは負債の発生（またはそれらの結合）」と定義される（80項）。収益と費用が，いずれも資産と負債の増減の点から定義されている点に特徴がみられる。また，利得は，「収益または所有者による投資から生じるものを除いた，実体の重要ではないまたは付随的な取引，および実体に影響を及ぼすその他の事象および環境要因から生じる持分の増加」と定義される（82項）。そして，損失は，「費用または所有者への分配から生じるものを除いた，実体の重要ではないまたは付随的な取引，および実体に影響を及ぼすその他の事象および環境要因から生じる持分の減少」と定義される（83項）。すなわち，持分の増減原因のうち，収益および費用が主要な活動から生じるものであるのに対し，利得および損失は，それ以外の要因から生じる要素として定めている。

(5) 第5号「営利企業の財務諸表における認識と測定」

第5号は，営利企業の財務諸表における認識と測定について述べたものである。

① 認識規準

認識とは，ある項目を資産，負債，収益，費用等として，財務諸表に正式に記録するプロセスをいう（6項）。投資，与信およびこれに類似する意思決定に用いられる情報の種類は多様であるが，第5号では次の図表に示す財務諸表における認識を取り扱うことが明示されている（8項）。

財務諸表に，ある項目が認識されるためには，次の4つの基本的認識規準

図表3 投資,与信およびこれに類似する意思決定に用いられる情報の種類

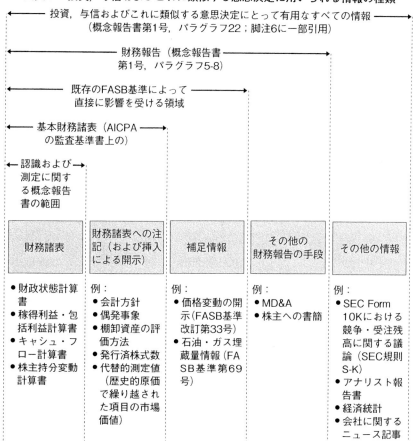

出所:FASB 1984, pra.8.

が満たされなければならない (63項)。

　定義:項目が財務諸表の構成要素の定義を満たすこと。

　測定可能性:十分な信頼性をもって測定可能な目的に適合する属性を有すること。

　目的適合性:情報が利用者の意思決定に影響を及ぼしえること。

　信頼性:情報が表現上忠実であり,検証可能であり,かつ中立であること。

これら4つの認識規準が稼得利益の内訳要素に適用される場合には，追加的指針が必要となるとされている。

　収益と利得に適用するにあたっては，実現または実現可能であること，および稼得されるという2つの要件が考慮される。収益と利得は，製品，商品，あるいはその他の資産が現金または現金請求権と交換されるとき実現する。また，取得または保有している資産が既知の現金額または現金請求権に容易に転換可能なとき実現可能となる。そして，収益は，企業が収益によって表される便益を受けるに値することを，事実上成しとげたときに稼得されたとみなされる。利得は，通常，この稼得プロセスを含まない取引またはその他の事象から生じる（83項）。

　費用と損失に対する追加的指針としては，経済的便益が消費されるとき，そして認識されている資産が便益をこれまでのようにもたらさないと見込まれるときに認識されるとしている（85項）。

② 測定属性

　SFACでは，現在の会計実務において，資産および負債の種類に応じて5つの異なる測定属性が適用されているとする。それによると，①歴史的原価または歴史的収入額，②現在原価，③現在市場価値，④正味実現可能価額または正味決済価額，⑤将来キャッシュ・フローの現在価値を挙げている。具体的には，有形固定資産や多くの棚卸資産には歴史的原価，財貨・用役提供義務に対しては歴史的収入額，ある種の棚卸資産には現在原価，ある種の市場性のある有価証券には現在市場価値，短期の売上債権には正味実現可能価額，買掛金には正味決済価額，そして長期の売上債権や長期の支払債務には将来キャッシュ・フローの現在価値が適用される（67項）。すなわち，ここでは，測定属性に関して，現行の会計実務において資産や負債の性質に応じて異なる測定属性が選択適用される混合測定属性を支持している。

(6) 第7号「会計測定におけるキャッシュ・フロー情報および現在価値の使用」

　第7号は，会計測定の基礎として，将来キャッシュ・フローを使用するためのフレームワークを提示している。ここでは，会計測定に現在価値を使用する目的は公正価値を見積もることにあるとし，現在価値の測定方法として期待キャッシュ・フロー・アプローチを採用する。上述のSFAC第5号では，混合測定属性が採用されていることを指摘しているものの，そのなかに現在価値の具体的計算や公正価値の使用に関する記述はない。現在価値計算に関する統一的なガイダンスが存在しないまま，個別基準上でその適用が断片的にルール化されてきた。そうした問題に対処するために，第7号は公表されたのである。

① 現在価値計算と公正価値

　現在価値の計算は，測定過程のなかに貨幣の時間価値を組み込む手段である（19項）。会計測定の手続に現在価値を用いる目的は，一連の将来キャッシュ・フロー間の経済的差異を可能な限り把握することにある（20項）。例えば，将来同額のキャッシュ・フローを発生させる資産項目であっても，キャッシュ・フローが発生する時期や不確実性の程度を測定に反映させることにより，異なる価値として測定されることがある。そうした，資産間の経済的な差異を反映させ，公正価値を測定することを求めることがこの報告書の狙いである。現在価値計算を通じて公正価値を測定するためには，現在価値の計算に，次の要素を含めることが必要となる（23項）。

(a) 将来キャッシュ・フローの見積もり，またはより複雑なケースでは，異なる時点での一連の将来キャッシュ・フロー

(b) これらのキャッシュ・フローの金額または時期の予想される分散についての期待

(c) リスクフリーレートによって表される貨幣の時間価値

(d) 当該資産または負債に固有の不確実性を負担する価格

(e) 流動性と市場の不完全性に含まれる，場合によっては識別不能な他の要因

② 伝統的アプローチと期待キャッシュ・フロー・アプローチ

　現在価値の計算は，上記(a)から(e)の5つの要素をどのように反映させるかという点から，伝統的アプローチと期待キャッシュ・フロー・アプローチという2つの方法に分類される。期待キャッシュ・フロー・アプローチでは，(c)の貨幣の時間価値を割引率に含め，その他はリスク調整後の期待キャッシュ・フローの計算の調整として使用するのに対して，伝統的アプローチでは，(b)から(e)の要素を割引率のなかに含める（40項）。キャッシュ・フローの予測においては，期待キャッシュ・フロー・アプローチでは可能性のあるキャッシュ・フローに関するすべての期待値が用いられるのに対して，伝統的アプローチでは一組のキャッシュ・フローが用いられる（45項）。

　これまで，伝統的アプローチは多くの測定値，特に，類似の資産および負債が市場で観察可能な場合には有用であった。しかし，資産や負債の市場あるいはそれに類似する項目が存在しないような非金融資産や負債の測定など，複雑な測定問題に対しては伝統的アプローチは有用ではない（44項）。そのため，FASBはより有効な測定手段を提供する期待キャッシュ・フロー・アプローチを採用するとしている。

4 ▶ 概念フレームワークの位置づけ

　FASBが，1978年から2000年にかけて公表してきたSFACは，これまで首尾一貫した会計基準を導き出すための準拠枠として機能し，会計基準間に整合性を与える役割を果たしてきた。また，FASBのSFACは，他国に先駆けて公表されたものであり，それ以後各国において概念フレームワークを形成する際のモデルとしての役割も担ってきた。

　2002年にIASBとFASBとの間でノーウォーク合意が結ばれてからは，アメリカ基準とIASとの中長期的なコンバージェンスへの取り組みが進展することとなった。そのようななか，2004年より両基準設定機関のもとで，会計基準のコンバージェンスの一環として，概念フレームワークを共通化させる見直し作業が共同のプロジェクトとして進展することとなった。その成果は，

2010年9月にSFAC第8号として公表されることとなり，SFAC第1号および第2号はこれに置き換わることとなった。この共同プロジェクトは当初，第1号および第2号以降のSFACにも及ぶ予定であったが，両基準設定機関は，他の会計基準の開発を優先するため2011年11月に，プロジェクトを中断し，現在に至っている。そのため，公表された第8号についても，第2章「報告企業」が未定のままである。

　会計基準のコンバージェンスが進展すれば，その影響は会計基準の準拠枠として機能する概念フレームワークにも必然的に及ぶことになる。会計基準が変更されても概念フレームワークの修正が行われないのであれば，会計基準と概念との不整合が生じる可能性や体系性のある会計基準が形成されない可能性があるからである。そのため，会計基準のコンバージェンスの進展とともに，概念フレームワークの再構築の試みは継続される必要があり，両基準設定機関の動向は今後も注視されるところである。

13章 ドイツの概念フレームワーク（草案）

1 ▶ 「正規の会計報告の諸原則」草案の公表

　2002年10月にDRSCの下位組織の１つとして設置されたドイツ基準設定審議会（Deutsches Standardsierungsrat : DSR）より，「正規の会計報告の諸原則」（Grundsätze ordnungsmäßiger Rechnungslegung，以下，概念フレームワークという）という表題の概念フレームワーク（Rahmenkonzept）の草案が公表された。

　ここにいう概念フレームワークとは，「（会計に関する）現行の法律および基準の解釈とそのさらなる発展のためのガイドラインである」と定義され（１項），IASB（IASC）の「財務諸表の作成および表示に関するフレームワーク」（1989年）やFASBのSFACに該当するものであるといわれる（付録C１参照）。これまで，概念フレームワークは，IASB（IASC）やアメリカ，イギリスなどもっぱら英米型会計の系譜に属する諸国において作成・公表されてきたが，大陸型会計の源流をなすドイツにおいても，英米型会計の成果を多分に摂取した，概念フレームワークの設定の試みが行われたのである。

2 ▶ 概念フレームワーク（草案）の役割と構成

　DSRは概念フレームワークの目的ないし役割として，特に次の諸点を挙げている（第２項）。
　① DSRの専門的活動の基礎を形成する。

②　すべてのドイツ会計基準を拘束する規則を含む。
③　認識，測定，分類および規定されていない状況についての説明と解釈にとっての演繹的基礎となる。
④　ドイツ会計基準を適用する者と財務諸表の利用者のために理解と解釈を支援する。

　ドイツの概念フレームワークは，全125のパラグラフからなる文章と附属説明書からなる1つの文書である。他国の概念フレームワークと異なり，章や号によって独立した構成を明示的に設けてはいない。この点はフランスの概念フレームワークと同様である。その全体の構成を大見出しで示すと，以下の通りである。なお，各見出しの冒頭の数字は原文にはなく，ここで便宜上付したものである。

　1 目的，2 地位，3 適用範囲，4 会計報告の利用者，5 会計報告の目的設定，6 一般規範，7 情報および利益計算原則，8 会計報告の構成要素，9 財務諸表における計上，認識および説明，10 測定，11 会計報告の構成要素の分類，12 作成頻度，13 公表，14 DRSの初めての適用，付録A：草案理由書，付録B：法律およびDRSとの両立性，付録C：IFRSおよびUS-GAAPとの比較。以下，このうち主要な内容について紹介する。

3 ▶ 概念フレームワーク（草案）の内容

(1) 会計報告の目的

① 会計情報の利用者

　概念フレームワークでは，会計報告の対象となる情報利用者を自己資本の提供者と他人資本の提供者とする（7項）。自己資本提供者は，典型的には，彼らが業務執行者に委託した資本に対する最大限可能な利回りを獲得しようとする。残余財産請求権者として彼らは最大のリスクを負担する。会計報告は，このリスクの査定に役立つ。他人資本提供者は，とりわけ彼らから支払われた他人資本に対する契約に定められたサービスに関心をもつ。他人資本提供者の利益は，通常，法的な分配上限，信用契約および担保によって保護

される。会計報告は彼らの利益擁護を支援するとしている（8項）。

このように，会計情報の利用者としてもっぱら自己資本提供者と他人資本提供者が挙げられている。このなかには潜在的な資本提供者も含まれる。これらの利用者以外を会計報告の対象として含めると，そこからは一致した会計報告内容を導出することは困難であるとして考慮外に置かれている（付録A5）。

② 会計報告の目的

概念フレームワークでは，特に情報機能に注目して，意思決定基礎としての情報の有用性を高めるという目的が追求されている。

ここでは，会計報告の目的は，記録，情報および利益処分の法的または事実上の基礎としての利益計算であるとする（9項1文）。記録は簿記の目的であり，情報と利益計算は財務諸表（年度財務諸表）の目的である。情報機能に関しては，過去事象についての報告の意味での会計責任機能と意思決定基礎の準備の意味での予測機能とが区別される（同項2文）。このうち会計責任機能は，資本提供者から委託された資本の使用について業務執行者が行う情報開示にかかわるものであり，会計報告の本質的な目的を構成する。利用者はこれに基づいて業務執行者の活動成果を判断する。特に自己資本提供者は，業務執行者の承認または解任について決定を下す（10項）。次に，予測機能は，利用者の合理的な意思決定の基礎をなす情報にかかわるものであり，彼らが特に関心をもつ将来キャッシュ・フローの大きさ，時期および確実性の程度を査定し，その意思決定に資する機能である（11項）。なお，上記の会計責任機能も結局のところ意思決定支援に役立つ。

最後に，利益計算について次のようにいう。分配可能な年度利益は年度財務諸表で計算される。その大きさは法律および定款に従い決定される（12項）。連結財務諸表は，法的には分配測定の基礎ではないが，しばしば事実上親企業の分配政策を決定し，その判断のために重要である。連結財務諸表は，その限りで，企業集団の分配可能性についての情報を伝達するものである（13項）。

(2) 会計情報の原則
① 意思決定有用性

　概念フレームワークでは，会計報告として提供される情報内容は，利用者の意思決定に適合する情報を含んでいなければならないとする。それを満たす特性として，意思決定有用性を最も主要な特質として掲げている。それによれば，情報は，意思決定にとって適合的であって，過去のデータに基づいて将来の予測を可能にする場合に，そして事前の予想を確認または修正しうる場合に，利用者にとって有用となるとする（19項）。

② 適時性，完全性，信頼性，明瞭性，比較可能性

　意思決定有用性以外の情報特性として，適時性，完全性，信頼性，明瞭性，比較可能性を列挙している（18～34項）。

　ここで「適時性」とは，財務諸表が時宜にかなって開示されるという特性をいい，遅くとも法的に義務づけられる期限までに財務諸表が作成なれねばならないとするものである（22項）。「完全性」とは，財務諸表に計上基準を満たすすべての項目が記載されるという特性をいい，具体的には，貸借対照表にはすべての資産および負債が，損益計算書にはすべての収益と費用が，それらが計上基準を満たす場合に計上されなければならないとするものである（23項）。「信頼性」とは，利用者にとって情報は信頼できるものでなければならないとする特性をいい，具体的には，情報が目的適合的であったとしても，それが信頼できない場合には，意思決定をミスリードする危険を防止するために，会計報告として公表してはならないとするものである（24項）。この特性は，中立性と慎重性の遵守によって保証されるとする（24～26項）。「明瞭性」とは，会計報告に含まれる情報が明確であり理解できることを求める特性をいい，明確性，理解可能性，および相殺禁止によって支えられているものである（27～30項）。最後に，「比較可能性」とは，法律や会計基準によって比較情報を記載することが禁止されていない限りは，会計報告に前営業年度の比較可能な情報を記載しなければならないとする特性をいう（31項）。

(3) 利益計算原則

　次に，概念フレームワークは，利益計算原則として，企業活動の継続性，個別評価，（決算）基準日原則，期間限定，実現原則および損失予測原則を掲げている（35～42項）。

　これらの原則のなかでも，ドイツ会計の観点からは特に実現原則が注目される。ここでは，実現原則は次のように規定されている。

　利益は，将来の経済的便益の増加が蓋然的であり，かつ信頼性をもって測定することができるときに把握されなければならない。利益は決算（基準）日に実現したか，または実現可能でなければならない。利益は，引渡しまたは給付の時点に実現したものとみなされる。利益は，その基礎にある引渡しまたは給付が契約の意思のある買手に対していつでも提供しうるときに，またはそれと結合した資産がいつでも支払いまたは支払請求権と交換しうるときに，決算日現在実現可能である（40項）。

　このように，概念フレームワークでは，実現可能性基準を含む広義の実現概念が導入されているのである。

(4) 構成要素の認識原則

　ある項目を，貸借対照表または損益計算書に計上することを認識といい，次の条件が満たされたときに認識される（62項）。
　① 当該項目が定義に従って資産，負債，収益または費用に相当し，識別可能でありかつ分離可能である。
　② 当該項目に関する将来の便益が企業に流入するか，または流出する可能性が高い。
　③ 当該項目の原価または価値が信頼性をもって決定することができる。

(5) 各構成要素の定義と認識

　この認識原則は構成要素ごとに適用される。各構成要素の定義とその認識原則を示すと，次の通りである。
　① 資産，負債，自己資本
　資産は，過去の事象に基づく企業が自由に処分しうる資源であり，その本

質は期待される将来の経済的便益であると定義される（66項）。資産は，将来の経済的便益が企業に流入する可能性が高く，かつその原価または価値が流入時点または次の決算日に信頼性をもって決定できるときに認識される（69項）。

負債は，過去の事象に起因する第三者に対する企業の現在の義務であり，その実体は当該義務から生じる資源（経済的便益）の将来の流出であると規定される（70項）。負債は，現在の義務の弁済のために資源の流出が発生する可能性が高く，かつ弁済額または負債の価値が当初時点および次の決算日に信頼性をもって決定できるときに認識される（72項）。

自己資本は，所有者の請求権を表す。自己資本は負債と区別されなければならない。自己資本と負債の区別の基準は，固定額請求権（負債特性）が存在するか，残余額請求権（自己資本特性）が存在するかに関連するとしている（73項）。

② 収益，費用

収益は，報告期間における経済的便益の増加である。便益の増加は，資産の直接的流入（支払手段または支払手段同等物の流入），資産の価値の増大または負債の価値の減少の形で生じる（75項）。収益は，経済的便益の増加が発生する可能性が高く，かつ信頼性をもって測定することができるときに，認識しなければならない（76項）。

費用は，報告期間における経済的便益の減少である。便益の減少は，直接的流出（支払手段または支払手段同等物の流出），負債の価値の増加または資産価値の減少の形で生じる（78項）。費用は，経済的便益の減少が発生する可能性が高く，かつ信頼性をもって測定することができるときに，認識しなければならない（79項）。

以上のようにこのフレームワークでは，財務諸表要素の定義について，まず，資産および負債を経済的便益の流入およびその流出と規定し，その基礎のうえに，収益および費用を経済的便益の増加およびその減少として定義するという行き方がとられており，その基底に資産負債アプローチが据えられていると考えられる。

(6) 測定属性

　概念フレームワークでは，資産および負債の測定属性について，次のように述べている。資産については，①取得原価，②取得原価に基づく帳簿価額，または③付すべき時価で測定し（85項），負債は，①弁済額，または②付すべき時価で測定するとしている（86項）。この場合の付すべき時価とは公正価値のことを指す。

　取得原価で測定した資産の第2次測定に関して，特に償却性資産について，予想利用期間にわたり計画的に償却することを定めるとともに（93項），帳簿価額が企業固有の価値より大きいときには，計画外に企業固有の価値まで償却することを求めている（94項）。この場合の企業固有の価値は，資産価値の喪失を補償するために企業が必要とするであろう金額に一致し，それは，再調達原価と回収可能価額（使用価値と正味売却価値の最大値）のうちの最小値であるとする（96項）。

　公正価値で測定した資産の第2次測定に関しては，資産の評価額は各決算日に調査し，公正価値が取得原価と異なるときは，相当の増額または減額を行うとする（100項）。また，負債の公正価値については，負債の評価額は各決算日に調査し，公正価値が帳簿価値と異なるときは，相当の増額または減額を行うとしている（108項）。

　このように，概念フレームワークでは資産および負債の測定について，特に時価（公正価値）を含む混合測定属性が採用されていることに加えて，資産の減損処理が取得原価評価の枠内で計画外償却の形で取り入れられている。

4 ▶ 概念フレームワーク（草案）の位置づけ

　ドイツの概念フレームワークは，以上の内容からみてIASB（IASC）やFASBの概念フレームワークに相当するものとみることができる。

　ドイツ版では，特に情報利用者の意思決定有用性の見地から，全般的に情報機能の拡充・強化が企てられており，情報の基本的特性としての目的適合性の重視をはじめ，予測機能の強調，資産負債アプローチの導入，公正価値

測定および実現可能性基準の採用などにみられるように，そのモデルをなす英米諸国の既存のフレームワークの成果が随所に取り入れられている。この点にその主要な特徴が認められる。

　しかし，こうした情報機能拡充への志向は，その反面，商法会計の枠組みの変質をもたらさざるをえない。債権者保護のための資本維持を重視する商法を基盤にしたドイツの伝統的会計との間に看過しえない齟齬を生ぜしめるからである。そのため，結局のところ，ドイツにおける概念フレームワーク設定の試みは完成することなく，最終的に失敗に終わることとなった。

14章 フランスの概念フレームワーク(草案)

1 ▶会計概念フレームワーク草案の公表

(1) 公表の背景

　1996年5月に専門会計士協会（Ordre des experts comptables : OEC）の会計理論常任委員会（Comité permanent de la doctorine comptable : CPDC）が「企業の経済状態（および財務状態）の公告システムとしての会計概念フレームワーク」という草案（以下，概念フレームワークという）が公表された。

　フランスにおいて概念フレームワークが形成された背景には，先行研究によれば，会計基準の国際的調和化と，そのなかでOECが果たしてきた役割が指摘される。[1]フランスの個別財務諸表と連結財務諸表にかかわる会計規制は，商法典（商事会社法を含む）とPCGからなる。いずれも，EC会社法第4号指令および第7号指令を受け入れ，EU諸国との調和化を図ってきた。また，PCGは，企業経営の多角化・国際化，金融商品の多様化・複雑化という環境の変化に対応してきた。そのなかで，金融商品をめぐる会計処理の問題と，個別財務諸表と連結財務諸表との乖離の問題を引き起こしてきた。

　フランス会計基準の国際的調和化のなかで，OECはIASCのフランス代表であり，CNCのメンバーでもあり，IASにもPCGにも深くかかわってきた。

　こうした背景のもと，OECが概念フレームワークの設定に積極的に取り組んだと分析される。しかし，第5節で述べるように，フランスにおける概念フレームワークの設定は失敗に終わってしまう。

(2) 商法典における会計規定とPCG

　概念フレームワーク草案の内容を取り上げる前に，フランスの商法典における会計規定とPCGにおける諸原則を概観しておく。16章で述べるように，フランスでは，商法等に基づいて，一定程度，整合的な会計基準が形成されてきた。そのため，概念フレームワークの必要性が認識されず，概念フレームワークが設定されなかったと考えられるからである。

　まず，商法典では，年次計算書類は，正規，真実でなければならず，企業の財産，財政状態および損益について真実かつ公正な概観を提供しなければならない（123-14条）[2]として，正規性の原則，「真実かつ公正な概観の原則」が規定されている。また，継続性の原則（123-17条），慎重性の原則（123-20条）が規定されている。さらに，資産評価については取得原価が，利益認識については実現原則が採用されている（123-18条，123-21条）。

　PCGも商法典と同様に，真実かつ公正な概観の原則，正規性の原則，誠実性の原則，継続性の原則，慎重性の原則を規定している（ANC2014，121-1項から121-5項）。また，資産評価について取得原価主義を採用している点も同様である（213-1項ほか）。さらに，PCGは，資産および負債を定義している。1982年のPCGでは，資産は企業にとって正の経済価値を有する財産項目であり，負債は企業にとって負の経済価値を有する財産項目であると定義され，いずれも財産概念に関連付けて定義されていた。それに対して，1990年代後半からのPCGとIAS/IFRSとのコンバージェンスの過程で，資産は，実体にとって正の経済価値を有する財産の識別可能な要素，すなわち過去の事象によって企業が支配し，かつ将来の経済的便益が期待される資源をもたらす要素であると定義されるようになり，資産に具現化された将来の経済的便益は，実体への将来の正味キャッシュ・フローに直接または間接に貢献する潜在能力とされている（211-1，211-2項）（2004年改訂）。また，負債は，実体にとって負の経済価値を有する財産要素，すなわち第三者に対する実体の義務であり，第三者から少なくとも等価の対価が予期されることなく，当該第三者への資源の流出を引き起こす蓋然性がある，あるいは引き起こすことが確実なものであるとされている（321-1項）（2000年改訂）。このように，現在のPCGでは経済的便益に関連付けた資産の定義や負債の定義が採用されている。

2 ▶ 概念フレームワーク（草案）の役割と構成

　CPDCは概念フレームワークの目的ないし役割を次のように説明している。
　企業の有用な表現，より的確には，富を創造するという企業の目標に関する財務面での達成度を公衆に提供する手段として財務諸表を理解すること，それが概念フレームワークの目的である。財務諸表の基礎をなす諸概念を分析することにより，概念フレームワークは次のように役立つ（7項）。
　① 実務上の判断に役立つ。
　② 必要があれば，将来の基準開発に役立つ。
　③ 財務諸表作成者，監査人，財務諸表利用者が基準を解釈するのに役立つ。
　④ この分野の教育および研究に役立つ。
　フランスの概念フレームワークは，アングロサクソン以外の概念フレームワークとしては最初の試みであり，その構成および諸概念は英語で公表されている概念フレームワークとは大きく異なっている。その構成は，「概念フレームワークの目的」「企業の表現に関する一般的特性」，「企業の富が測定可能であるという仮定」，「測定が困難な場合」という4つの部分からなる。以下，このうち主要な内容について紹介する。

3 ▶ 概念フレームワーク（草案）の内容

(1) 財務報告の基本目的

　財務報告の基本目的は，企業の情報を自由に得ることができない外部利用者または公衆に企業の有用な表現を提供することである。この基本目的には，次の2点に特徴がある。第1に，外部利用者または公衆として，投資家，債権者のほかに，税務当局，国立統計経済研究所，社会貸借対照表の利用者，銀行または保険の規制当局が想定され，その範囲が広範囲である点である（9項）。第2に，企業の有用な表現は，富を創造するという企業の目標達成度を表現することであり，企業が創造した富の測定を指している点である。企業が創造した富は，貨幣の流出または流入となって現れる（3項）。

(2) 企業の表現に関する一般的特性

企業の表現に関する一般的特性は，適合性，明瞭性，その他の特性に大別される。それぞれの特性の内容は次のとおりである。

図表4　企業の表現に関する一般的特性

特性		内容
①	適合性	適合性は，目的への合致であり，企業の表現を介して，企業外部の財務諸表利用者がそのニーズを満たすことができるのに適していることである（8項）。
	観察された目的への適合性の原則	企業の目標が富の創造者になることであるという観点からは，富の創造者である企業を財務諸表がどのような方法で表現すべきであるかという点を検討することが，財務諸表の最適な目標である。これを，観察された目的への適合性の原則という（10項）。
	利用者のニーズへの合致の原則	情報は利用者を介して有用性を有する。企業の表現は，利用者全体の多様なニーズを満たさない。税務当局や規制当局など，いくつかの利用者は，有用と判断する補足的な情報を要求することができる。会計基準設定機関によって伝統的に用いられてきた意見募集の手続は，有効な慣行であり，利用者は自らが必要とする情報を知らせることができる。これを，利用者のニーズへの合致の原則という（11項）。
②	明瞭性	明瞭性は，財務諸表の表示に関して，理解可能な書式や適切な説明の使用といった特性を意味する（13項）。
	等質性の原則	同質要素のグループ化すること（14項）。
	加法性の原則	それら同質要素同士が加算できること（14項）。
	一貫性の原則	項目は一貫したルールにしたがって，評価，区分，表示されなければならない（15項）。
	実効性の原則	これは，富の創造または消費が同じであれば，単一の方法または少なくとも同等の方法で会計処理することをいう。これにより，富の創造が消費より多いかどうか測定される（16項）。
	対称性の原則	仕入と販売などのように対称的な取引が対称的な記録となっていること（17項）。
	網羅性の原則	企業の表現が企業の富の変動をすべて網羅していること（18項）。
③	その他の特性	
	対応原則	企業の活動は，「貨幣―財またはサービス―貨幣」という循環に要約される。こうした観点から，企業の支出は，直接的または間接的に，財またはサービスの実現あるいは貨幣への転換に対応される（19項）。
	比較可能性の原則	異なる企業の財務諸表の比較可能性と，ある企業の異なる会計期間の比較可能性のことである。前者は，2つの企業の評価，区分，表示の類似性を意味し，後者は，評価，区分，表示方法の不変性を意味する。このうち，後者は会計方針の継続性の原則である（20,21項）。

適時性の原則	これは，財務諸表が速やかに提供されることをいう。一般に，情報に対する関心は時間とともに減少する。企業は，情報が適時に入手されるように目指すべきである（22項）。	
情報の採算性の原則	企業の表現の効用と財務諸表の作成コストの差異を最小にすることが望まれる（23項）。	
重要性の原則	重要でないと判断される詳細には触れない表示にとどめることになる（23項）。	

出所：CPDC 1996 をもとに筆者が作成。

(3) 企業の富が測定可能であるという仮定

概念フレームワークでは，企業の富のすべてが測定可能であると仮定して，財務諸表とその構成要素の検討が行われる。これによって，企業の富の表現が厳密になり，測定の不備に起因する歪みによって分析が妨げられることなく，企業の表現を理解することが可能になると考えているからである。すべての富が測定可能である企業はごくわずかであるが，容易に譲渡可能な上場投資と非常に短期の債権および債務からなる投資基金を想定することができる（26項）。

① フローの計算書または純資産の変動に関する計算書

企業のプロジェクトの本質が富の創造であるならば，本質的な財務諸表は，富の創造プロセスを表現するものであり，それは損益計算書である。

　　　富の産出－富の消費＝富の創造
　　　収益－費用＝利益

企業は，資本拠出者から出資を受けるとともに，資本拠出者は出資の払戻しが可能である。こうした富の源泉は，出資と払戻しに関する計算書によって表現される。

　　　富の拠出－富の払戻し＝富の正味拠出

これらの2つの計算書は，純資産変動計算書に要約される。

　　　富の創造（毀損）＋富の拠出（払戻し）＝
　　　　　　　　　　　企業が利用できる富＝純資産

貨幣の変動の経済的な大きさの観点からは，キャッシュ・フロー計算書が有用な表現方法となる（28項）。

② **貸借対照表**

一時点の企業の富の状況は，貸借対照表によって表現される。

企業の経済的役割の観点から富という用語が用いられているが，資産または負債に置き換えられる。資産は，企業にとっての正の経済価値を有する要素であり，負債は，企業にとって負の経済価値を有する要素である。資産と負債の差額が，企業の純資産である（29項）。

　　資産 − 負債 ＝ 存在している富 ＝ 純資産 ＝ 自己資本

③ **測定対象**

会計の目標が，消費力を生み出す企業の能力を表現することであるとすると，企業の富のすべてが測定可能であるという仮定のもとでの有用な測定値は，富の時価である。たとえば，投資基金は時価で財務諸表を公表する（37項）。

(4) 測定が困難な場合

① **判断の必要性とその質**

資産および負債は企業にとって正または負の経済価値を有する要素であり，貨幣に転換する可能性に関する現在の見積りである。企業の富が測定可能であるという仮定のもとでは，その現在価値が困難なく見積れる。しかし，資産および負債の現在価値は，将来の成果に依存することが多い。その不確実性ゆえに，判断が必要とされる（49項）。そのため，概念フレームワークでは，企業の表現に関する一般的特性とは別に，財務諸表を作成するために必要となる判断が明示されている。当該判断に関しては，忠実性，信頼性，検証可能性，公平性，中立性，慎重性を組み合わせるように努めなければならない。その内容はそれぞれ次のとおりである。

図表5　財務諸表を作成するために必要となる判断の質

判断の質	内容
忠実性	測定値が，その測定値が表現しようとしている事象と一致していること（54項）。
信頼性	評価の際にあらゆる注意が払われている場合には，その評価は信頼性がある（55項）。
検証可能性	評価を行う者と独立した第三者が同一の結果または近似した結果に達する場合には，その評価は検証可能性がある（56項）。
公平性	客観性または偏向のないことをいい，評価を行う者が評価の質以外の要素によって一定の方向に導かれていない場合に，その評価は公平である（57項）。
中立性	2つの連続する会計期間に成果を配分する判断を行う者の行動をいう。こうした判断を行う者は，ある者にとっての売上のルールは別の者にとっての仕入のルールであると考える（対称性の原則の適用）。また，会計方針の変更は，それが財務諸表の質を改善する場合にかぎって行われなければならない（比較可能性の原則の適用）（58項）。
慎重性	不確実な場合において見積りをするために必要な判断をする際に相当程度の慎重を期することである。しかし，慎重性は過度であってはならない。忠実な表現にはならない秘密積立金を形成する要因になるからである（59項）。

出所：CPDC 1996をもとに筆者が作成。

② **資産，負債，純資産，費用，収益**

　資産は，企業にとっての正の経済価値を有する要素である。ある要素が資産として適格であるためには，企業に利益をもたらす便益を備えたもの，キャッシュ・イン・フローの潜在能力を備えたものである必要があるが，企業が当該要素の所有者である必要はない（71項）。

　負債は，負の便益が予想されるものである。典型的には企業の債務である。特定の負債の見積りには，非常に大きな不確実性が伴うことがある。引当金と呼ばれ，リスクの概念に関連するものであるが，それでも負債である（72項）。

　資産と負債の差額である純資産は，富の拠出と，成果という2つの源泉からなる。そのため，貸借対照表においては，純資産をその2つに区分表示する必要がある（73項）。

　費用または収益は，富の消費または産出であり，出資・払戻しを除く企業の純資産の減少または増加の要因である。費用は，資産の定義を受けて，投

下された支出あるいは財の減少のうち，期末において十分に確実な便益を生み出す能力を有していない，あるいは喪失しているものである。同様に，収益は，負の便益を引き起こすリスクを伴わない収入あるいは財の増加である（74項）。

③ 富の創造プロセス

　企業の富の創造プロセスでは，より大きな富の獲得のために富を消費することになる。営業活動の成果の測定は，消費された富である費用と，すでに産出された富である収益を突き合わせることによって行われる（78項）。

　概念フレームワークでは，収益を2つの形態に分けて，富の創造プロセスを分析している。1つが，受注した財・サービスの収益であり，もう1つが受注していない財・サービスの収益である。

(ア) 受注した財・サービスの収益

　この場合，収益（販売価格）が既知であり，原価も合理的に見積もることができる。そのため，企業は利益を計算することができるが，当該利益の期間帰属の決定が残されている。これに関して，3つの会計処理が検討される。第1に，受注時に利益を計上する方法である。この場合には，すべての見積りが十分な信頼性をもって行われることが前提となる。第2に，完了時に利益計上する方法である。第3には，製造の進行に応じて利益を計上する方法である。第2の方法は，最も確実な利益の計算が可能であり，慎重な方法である。しかし，利益の計上が遅れるほど，実質的に利益を生み出すに至った事象とかけ離れてしまうとともに，そのような表現に関する関心は低くなり，適時性の原則にそぐわない。第3の方法が，企業が提供するサービスの性質を表現できる。企業が提供するサービスは一定期間にわたり継続的に行われるものである。そのため，製造の進行に応じて利益を期間帰属させることが好ましいとされる（81-84項）。

(イ) 受注していない財・サービスの収益

　企業は，その経験から事前に売上を予測することができ，すべての生産物が適切な期間内に販売される場合には，製造の進行に応じて利益を計上する方法が考えられる。この方法によれば，予測された利益が減少または増加は，

売上が予測を上回る，または下回る会計期間に判明することになるだろう。これは，企業の利益の形成過程をよく表現することになるだろう。しかし，予測をより不確実にする変化のような事象が生ずることがあるだけに，合理的にこの方法を適用可能にする条件が満たされることは稀であろう。こうした検討の結果，販売時点に収益を計上することになる（88項）。

(ウ) 利益の実現

実現した利益は単純な概念ではなく，実現したとみなされる利益であることを意味する（95項）。利益が実現したとみなされるときには，仮定の不確実性をかなり減少させる状況または事象としての識閾が考慮される。機械を製造する企業を例として考えると，最終試運転の後，利益は計上され，保証に起因するリスクには引当金が計上される。しかし，この識閾は，事業の種類，たとえば販売形態によって多様である（91-93項）。

④　価値評価

事業の実現のために投下された財は，次のいずれかで評価される。すなわち，原価か，原価から生産物に至る過程に位置づけられる金額のいずれかである。測定値の変動額が，企業の富の創造の表現となるものであれば，損益計算書の一構成要素となる（100項）。ここに原価から生産物に至る過程に位置づけられる金額は，いわゆる生産基準による収益と資産の計上を意味するものと理解される。

上記(3)③で述べたように，一時所有の有価証券やトレーディング目的の棚卸資産は時価評価によると考えられるが，トレーディング目的ではない棚卸資産や固定資産は基本的に原価評価である（102,103項）。また，子会社株式および関連会社株式といった金融固定資産は持分法による評価額により計上される（106項）。

4 ▶ 概念フレームワーク（草案）の位置づけ

フランスの概念フレームワークは，結局のところ，受け入れられずに失敗

に終わってしまった。その原因として，先行研究によれば，次の3つが指摘される[3]。第1に設定機関の問題が指摘される。CPDCは会計基準設定機関ではなく，概念フレームワークを形成しても，それが公的機関によって正当化されなかった。第2に，概念フレームワークの形成目的の曖昧さの問題が指摘される。概念フレームワークの形成目的が国際的調和化にあるのであれば，FASBやIASCの概念フレームワークとかけ離れたものになってしまうと，国内外の会計基準設定機関，財務諸表作成者，利用者にとって理解できるものではなくなってしまう。第3にPCGと概念フレームワークの関係の問題が指摘される。概念フレームワークのなかでは，PCGとの関係についてまったく触れられていない。

注

1) 藤田1997，62～63頁参照。
2) なお，ここに示す商法典の条文番号は，Rontchevsky et Chevrier (2010) によっているが，1996年当時（概念フレームワーク草案公表当時）も，商法典において，条文番号は異なるものの，同じ原則が規定されている。また，PCGについても，ANC (2014) のパラグラフ番号を示しているが，同じことが当てはまる。
3) 藤田1997，66頁参照。

15章 IASBの概念フレームワーク

1 ▶ 「財務報告のための概念フレームワーク」の設定

　IASCは，財務諸表の比較可能性を改善する試みの一環として，概念フレームワークの作成に着手し，その成果として1989年7月に「財務諸表の作成及び表示に関するフレームワーク」を公表した。2001年には，IASCはIASBへと発展的に解消することとなるが，この概念フレームワークはIASBによって，IFRSを設定する際に参照すべきものとして，その内容を変更せずに採用された。

　その後，2004年4月からFASBとの共同プロジェクトとして，両者の概念フレームワークの共通化（コンバージェンス）を目指した見直しが開始された。2010年9月に，「財務諸表の作成及び表示に関するフレームワーク」は廃止され，新たに「財務報告のための概念フレームワーク」(Conceptual Framework for Financial Reporting，以下，概念フレームワークとする）が公表されることになった。

　以下，この概念フレームワークの内容について紹介する。

2 ▶ 概念フレームワークの役割と構成

　IASBでは，概念フレームワークの目的ないし役立ちについて次のように述べている（財務報告のための概念フレームワーク「目的および位置づけ」）。
　① 当審議会が，将来のIFRSの開発と現行のIFRSの見直しを行うために

役立つこと。
② IFRSが認めている代替的な会計処理の数を削減するための基礎を提供することにより，当審議会が財務諸表の表示に関する規則，会計基準，および手続の調和を促進するために役立つこと。
③ 各国の会計基準設定機関が国内基準を開発する際に役立つこと。
④ 財務諸表の作成者がIFRSを適用する際や，IFRSの主題となっていないテーマに対処する際に役立つこと。
⑤ 財務諸表がIFRSに準拠しているかどうかについて，監査人が意見を形成する際に役立つこと。
⑥ 財務諸表利用者がIFRSに準拠して作成された財務諸表に含まれる情報を解釈するのに役立つこと。
⑦ IASBの作業に関心を有する人々に，IFRSの形成へのアプローチに関する情報を提供すること。

概念フレームワークの構成は，以下に示す全4章からなる。
第1章「一般目的財務報告の目的」
第2章「報告企業」（未公表）
第3章「有用な財務情報の質的特性」
第4章「1989年「フレームワーク」：残っている本文」

このうち，第4章は1989年公表の当初の概念フレームワークの内容が残っている部分である。また，第1章および第3章は，FASBとの共同プロジェクトによって作成されたものであり，FASBのそれと同一である。また，第2章は，現時点で公表されていない。したがって次節では，これらのうち第4章の主要な内容について紹介する。

3 ▶ 概念フレームワークの内容

(1) 財務諸表の認識原則

概念フレームワークでは，ある項目を文字と貨幣額によって貸借対照表または損益計算書に組み入れるプロセスを認識と呼ぶ。ある項目が認識される

ためには，構成要素の定義を満たし，次の認識規準を満たすことが求められる（4.37項）。
- ① 当該項目に関連する将来の経済的便益が，企業に流入するかまたは企業から流出する可能性が高く，かつ，
- ② 当該項目が信頼性をもって測定できる原価または価値を有している場合である（4.38項）。

(2) 各構成要素の定義と認識

この基本的な認識ルールは構成要素ごとに適用される。各構成要素の定義とその認識原則を示すと，次の通りである。

① 資産，負債，持分

資産とは，「過去の事象の結果として企業が支配し，かつ，将来の経済的便益が当該企業に流入すると期待される資源」と定義される（4.4項）。ここにいう将来の経済的便益とは，「企業への現金および現金同等物の流入に直接的にまたは間接的に貢献する潜在能力」のことを指す（4.8項）。資産は，将来の経済的便益が企業に流入する可能性が高く，かつ，信頼性をもって測定できる原価または価値を有する場合，貸借対照表に認識される（4.44項）。

負債とは，「過去の事象から発生した企業の現在の債務で，その決済により，経済的便益を有する資源が当該企業から流出することが予想されるもの」と定義される（4.4項）。負債は，現在の債務を決済することによって経済的便益を有する資源が企業から流出する可能性が高く，かつ，決済される金額が信頼性をもって測定できるとき，貸借対照表に認識される（4.46項）。持分とは，「企業のすべての負債を控除した後の資産に対する残余持分」と定義される（4.4項）。持分は，資産と負債の残余として測定されるため，その総額はこれらの測定額に依存することになる。

② 収益，費用

収益とは，「当該会計期間中の資産の流入もしくは増価または負債の減少の形をとる経済的便益の増加であり，持分参加者からの出資に関連するもの以外の持分の増加を生じさせるもの」と定義される（4.25項）。収益は，資

産の増加または負債の減少に関連する将来の経済的便益の増加が生じ，かつ，それを信頼性をもって測定できるとき，損益計算書に認識される（4.47項）。

　費用とは，「当該会計期間中の資産の流出もしくは減価または負債の発生の形をとる経済的便益の減少であり，持分参加者への分配に関連するもの以外の持分の減少を生じさせるもの」と定義される（4.25項）。費用は，資産の減少または負債の増加に関連する将来の経済的便益の減少が生じ，かつ，それを信頼性をもって測定できるとき，損益計算書に認識される（4.49項）。

　以上のようにこのフレームワークでは，財務諸表の構成要素の定義について，まず，資産および負債を経済的便益に関連づけて定義し，その基礎のうえに，収益および費用をそれらの増減の点から定義しており，その基底に資産負債アプローチが据えられていると指摘できる。さらに，収益は狭義の収益と利得を含み，このうち利得には有価証券の評価益や固定資産の帳簿価額の増加など未実現利得を含むとしている（4.29〜4.31項）。また，費用は通常の活動の過程において発生する費用と損失を含み，このうち損失には為替レートの高騰による影響から発生する未実現の損失などを含むとしている（4.33〜4.35項）。すなわち，ここでは，いわゆる包括利益を前提とする利益概念が採用されていることが指摘できる。

(3) 測定属性

　概念フレームワークでは，貸借対照表および損益計算書で認識され，計上されるべき財務諸表の構成要素の金額を決定するプロセスを測定と呼ぶ（4.54項）。資産および負債の測定にあたって適用される測定属性として，①取得原価，②現在原価，③実現可能（決済）価額，④現在価値（4.55項）を挙げている。そして，「いくつかの異なる測定属性が，異なる程度に，また，種々の組み合わせによって使用される」（4.55項）として，数種の測定属性を用いる混合測定属性が支持されている。

4 ▶ 概念フレームワークの位置づけ

　すでに述べたようにIASB概念フレームワークは，アメリカのSFACとの共同のプロジェクトによって，その一部が共通化されてきた。現在，両基準設定機関は，他の会計基準の開発を優先するため2011年11月に，プロジェクトを中断し，現在に至っている。

　会計基準の国際的コンバージェンス，あるいはより強固な統一化を指向するIASBにとってみれば，会計基準の基礎にある概念フレームワークの完成は可及的速やかに実施されねばならないであろう。IASB自身が，概念フレームワークの役割として，IFRSの開発や改訂の際の準拠枠としての役割のみならず，各国会計基準設定機関が会計基準を開発する上での準拠枠となりうること，あるいはIFRSに定めのない場合の準拠枠となりうることに言及しているからである。そのため，IASB概念フレームワークの再構築の動向は，今後も注視されるところである。

16章 まとめ
―概念フレームワークの意義と役割―

　これまで見た概念フレームワークは，各国で形成される会計基準に整合性を与えるという重要な役割を担ってきた。とりわけ，資本市場のその時々の要請に基づいて会計基準がピースミール的に個別に設定される英米型会計の諸国では，各基準間の整合性を図り，可及的に首尾一貫した体系を保持するための基本的枠組みとして，概念フレームワークが会計基準の設定上不可欠のものであった。

　一方，商法等の法体系を基礎にした大陸型会計の諸国では，商法等の法理念（「債権者保護目的」）に基づいて，法律規定という形でそれなりに整合的な会計基準の形成が企てられてきたために，概念フレームワークの必要性はほとんど認識されてこなかった。特にドイツとフランスで，会計基準の国際的調和化の一環として概念フレームワークの設定が企てられながらも，最終的にはその試みを断念せざるをえなかった理由もこの点に求められよう。

　このように，概念フレームワークは各国の制度基盤に応じて，その意義や必要性が異なって認識されてきたわけである。それでは，今後，各国で会計基準のコンバージェンスが進展するにつれ，各国の概念フレームワークはどのように展開していくであろうか。欧州にみられるように，上場企業の連結財務諸表の作成基準にIAS/IFRSを適用する制度改革が行われると，連結財務諸表の作成基準の準拠枠となる概念フレームワークを国ごとに作成する積極的意義はなくなるであろう。会計基準の統一化とともに，会計基準に適合する概念フレームワークの共有化ないし統一化が進展することになるからである。しかしながら，イギリスが自国企業に適用される会計基準（FRC102）内に概念フレームワークに近い内容を取り込むかたちで制度改革を実践した

ように，上場企業以外の企業に適用される自国の会計基準の準拠枠として機能する概念フレームワークの整備が，今後，各国において必要となることが予想されよう。国内の会計基準は自国の関係諸制度と密接に関連し，国際基準とは切り離されて設定される傾向にあるからである。また，概念フレームワーク自体も不変のものではない。FASBとIASBとの間で概念フレームワークの統一化作業が進められたように，今後もIASBの概念フレームワークは改訂が行われることになろう。その場合には，概念フレームワークをもつ各国において，こうした改訂の動向を視野に入れ，その再構築作業が今後も企てられていくと考えられる。

資料

　第1部第3章で取り上げたように，1990年代になるとドイツの国際企業では，資金調達の必要性から外国市場で上場する動きがみられるようになった。その際に，IASまたはUS-GAAPを用いた連結財務諸表とドイツの会計基準を用いた連結財務諸表との間に大きな相違あることが明らかとなり，会計基準の国際的調和化の必要性が現実の問題として顕在化することになったのである。この「資料」は，会計基準の国際的調和化を求める契機となった，このドイツ会計制度の国際的調和化への対応問題を明らかにしたものである。(「ドイツ会計の国際的調和化と国際企業の対応—ダイムラー・ベンツ社のケースを中心として— Internationale Harmonisierung der deutschen Rechungslegung und die Umstellung der internationalen Unternehmens — Besonders im Falle von Daimler-Benz AG.—」『明大商学論叢』第80巻第3・4合併号1998年，pp.321-343.一部修正)

1 ▶ 問題の限定

　近年，各国の企業会計制度は，環境的諸条件の激変のもとで，既成の枠組みの変革を迫られているようにみえる。その主要な問題の1つとして，特に経済および企業活動の国際化の急速な進展と，資本市場のグローバル化を背景にした会計基準の国際的調和化をめぐる問題を挙げることができる。
　ドイツ会計もその例外ではない。確かに，ドイツ会計は「大陸型会計」の源流として，伝統的に債権者保護の観点から特に分配測定機能を重視し，情

報開示機能を副次的ないし付随的なものとして位置づけてきた。そのため，ドイツでは，当初，自国の企業会計制度は，特にアメリカ会計基準（US-GAAP）や国際会計基準（IAS）に代表されるような，本来的に投資家保護の観点から情報開示機能を重視する「英米型会計」の流れを汲む国際標準とは相容れないものとみなされ，これらの国際標準への対応を内容とした調和化には消極的ないし否定的な見解が多く表明された。

しかしながら，1993年以降は事情が一変した。すなわち，93年に，ドイツの代表的な国際企業の1つであるダイムラー・ベンツ社（Daimler-Benz AG，以下ベンツ社）が，資金調達要請からニューヨーク証券取引所（NYSE）に株式を上場するために，米国証券取引委員会（SEC）との合意に基づいて，US-GAAPに準拠した連結財務諸表を作成・公表し，またそれについで，翌94年からバイエル社はじめ，ハイデルベルガー・セメント社，シェーリング社，ヘキスト社などがIASを満たした連結財務諸表を相次いで作成・公表したのを契機として，しだいに国際的調和化を推進する方向の論議が高まり，この問題がいまやドイツ会計界における最も重要な課題の1つとしてクローズ・アップされているのである。そして，現在では，このような個々の国際企業の会計実務レベルでの調和化に対応して，それを制度面から支援するための措置もすでに講じられている状況にある。こうしたドイツでの調和化の動向の背後には，EUレベルでの会計基準の調和化作業の進展を見出すことができる。

もちろん，このような形での調和化の試みが連結財務諸表の枠内での調和化にとどまるのか，それを越えてドイツ会計の中軸に位置づけられる個別財務諸表レベルでの調和化にまで及ぶのかは現段階では明らかではない。主要な調和化の対象は前者であるが，特にベンツ社のケースでは，後者の方向が指向されているようである。

本稿では，「大陸型会計」の典型であるドイツ会計の国際的調和化に関する諸問題の研究の一環として，特にその先鞭をつけたベンツ社のケースを取り上げ，資料上の制約はあるが，ドイツ会計の特質とのかかわりで，同社が展開した調和化政策の内容を検討し，その意義と特質を明らかにしたい。

2 ▶ ドイツ会計の枠組みと情報開示機能

(1) ドイツ会計の枠組み

　すでに別稿でみたように[1]，ドイツの企業会計制度は，伝統的に商事法（商法，株式法など）による会計規制の枠組みをとって形成され，発展してきた。現在でもこうした会計規制の枠組みに変わりはない。

　私見によれば，ドイツ会計制度の枠組みの特徴として，特に法規制の方法としての厳格な成文法主義の採用，会計の目的ないし機能としての債権者保護のための配当測定機能の重視，および「基準性の原則」に基づく商法会計（企業会計）と課税所得計算の連係の3点を指摘することができる。一般に，各国の会計制度は，「大陸型会計」（Continental Accounting）と「英米型会計」（Anglo-Saxon Accounting）という2つのモデルに類型化されるが[2]，これらの3点は，ドイツ会計を源流とする「大陸型」モデルの基本的特質をなすものである。以下，これらの特徴について多少敷衍したい。

　第1の特徴は，ドイツ会計では，法規制の方法として特に厳格な成文法主義ないし規制的アプローチ（prescriptive approach）が採用され，商事法に，特に年度決算書の様式，資産・負債の計上および評価の原則などを中心にかなり詳細な規定が設けられていることである。そのため，法形式の枠内で画一的・形式的な意味での比較可能性は確かに確保されるかもしれないが，その反面で，個々の企業の経済的実態に適合した情報開示面では制約を受けざるをえないであろう。

　第2の特徴は，ドイツでは，会計の主要な目的ないし機能として，特に債権者保護の観点から，特に年度決算書（個別財務諸表）に関して，会社財産の維持（資本維持）を内容とした配当可能利益の計算（分配測定機能）が重視されてきたことである。そして，ここでは，会計の情報開示機能は副次的ないし付随的な地位にあるものとして位置づけられてきた。このような会計目的観ないし機能観は，基本的には，資金調達に関する間接金融方式の優位性を基盤として形成されたものであるとみることができる[3]。

　そのために，ドイツ会計では，慣行的に慎重性の原則（保守主義の原則）が重要な位置を占め，商法上，特に資産および負債の計上と評価の双方につ

いて，配当可能利益計算の基礎をなす純資産額の内輪の計上—秘密積立金の設定に導くような保守的な色彩の強い会計処理の方法が広範にわたって強制または許容されてきたのである。

さらに第3の特徴として，ドイツでは，企業会計と税務とが連係している点を挙げることができる。すなわち，ドイツ所得税法では，いわゆる「基準性の原則」（Maßgeblichkeitsprinzip）—これは日本の「確定決算主義」に該当する—が採用され，商法会計（企業会計）と課税所得計算（税務会計）とが密接に結びついている点である。この基準性の原則のもとでは，特に税法上の評価選択権（準備金，特別償却および評価減などの諸種の税務上の特典を含む）が許容されている場合に，企業がこれらの選択権を課税所得計算上有利なように行使するためには，前もって商法会計上でそれに相当する会計処理を行うことが要求されるから，その結果として逆に税法（特に「租税優遇措置」）が商法会計（企業会計）に影響を及ぼすことになる。これは「基準性の原則の逆転」（Umkehrung des Maßgeblichkeitsprinzip）—略して「逆基準性」（umgekehrte Maßgeblichkeit）と呼ばれる。この逆基準性のために商事貸借対照表の情報開示機能は著しく制約ないし阻害されざるをえない。[4]

上述したドイツ会計の枠組みに関する特徴は，これを現在直面している会計の国際的調和化の視点からみると，国際的調和化を制約ないし限定する要因として作用するものと思われる。先にもみたように，ドイツ会計では，特に年度決算書（個別財務諸表）にかかわる分配測定機能（配当・課税所得測定機能）が重視され，情報開示機能は副次的ないし従属的な地位にあるものとして位置づけられている。しかもこの機能は，厳格な法的規制の枠内での資本維持のための保守的な会計処理や，基準性の原則から派生する逆基準性のために制約される関係にある。したがって，ドイツ会計は，US-GAAPやIASに代表されるような，特に投資家保護の見地から情報開示機能を重視する国際標準—それは，本質的に「英米型」モデルに立脚していると解される—とは多分に異質的な性格を内包しており[5]，そのために，これらの国際標準への適合を前提とした国際的調和化には重大な困難が伴わざるをえないと考えられるのである。この場合，「英米型」モデルは，特に法規制の方法とし

ての弾力的な慣習法主義（common law system）の採用，会計の目的ないし機能としての投資家保護のための情報開示機能の重視，および企業会計と税務会計の分離の3点を基本的特質とするものであり，その限りで「大陸型」モデル，したがってまたその典型をなすドイツ会計とは対比的な位置にあるものとみられる。

(2) 情報開示機能の展開

　確かに，ドイツでも，EC会計指令の変換のための1985年商法改正によって資本会社の会計制度の大幅な改訂が行われ，情報開示面でも，イギリスなど「英米型」モデルに対応してかなり広範な改善が実現することになった。ここでは，特に注目に値する主要な事項だけを項目別に列挙するにとどめたい。

① **全般的事項**

(1) 資本会社の年度決算書および連結決算書に関する基本原則として，イギリス法上の「真実かつ公正な概観」（true and fair view：TFV）の原則が導入されている（商264条2項，同297条2項）。この基本原則は，元来，慣習法主義に基づく制度の枠組みを前提として，「公正な会計慣行」への包括的な委任を表明したものであり，理念的には，個々の法律規定の枠を越えて，企業の経済的実質に適合した情報を開示することを要求したものであるとみられる。そのために，この原則は，しばしば「形式よりも実質を優先する原則」（principle of substance over form）と呼ばれる。ただし，この原則の導入については，特に(1)TFVは正規の簿記の諸原則（GoB）を遵守して伝達しなければならない（商264条2項1文，同297条2項1文）こと，また(2)EC指令で要求されている，例外的な場合における関係規定からの離反要請が削除されていることの2点で，ドイツ法の立場からの限定が付されている。

(2) 資本会社の年度決算書および連結決算書の体系のなかにそれぞれ附属説明書（Anhang）が採り入れられ，その情報開示機能が強化されている（商264条1項，同297条1項）。すなわち，附属説明書には，年度決算書のレベルでみると，記載内容として，(a)貸借対照表・損益計算書の説明事項と(b)これら両者の補足ないし明細表示のための情報の2つのタイプの

ものが含まれるが，特に(b)は慣行的な情報内容を越えるものであり，その多くは従来機密的に取り扱われたものであるといわれる[8]。

(3) 継続性の原則が明定されている。すなわち，年度決算書に関して，表示と評価の両面から継続性の要請が明文をもって規定されている（商265条1項，同252条1項6号）。また連結決算書に関して連結方法の継続性が要求されている（商299条3項2文）。ただし，評価継続性ならびに連結方法継続性については，「保持すべきである」と定められ，"Mußvorschrift"（「義務規定」）ではなく，"Sollvorschrift"（「当為規定」）として定式化されているところから，この原則は単なる非拘束的な勧告にすぎないとする解釈がみられる[9]。

② 年度決算書関係

年度決算書に関係する主要な改正事項として，特に①損益計算書の表示様式に関する売上原価法の採用（商276条），②税効果会計の採用（商274条），③逆基準性の作用による年度決算書の歪みを開示面から補足するための措置の改善（一連の租税優遇措置を「準備金的性質を有する特別項目」(Sonderposten mit Rücklageanteil) として開示する範囲の拡張（商247条3項，同281条1項）と開示要請（商285条5項））などが挙げられる。

(3) 連結決算書関係

さらに，連結決算書に関係する主な改正事項として，特に①連結範囲に関し，外国に住所を有するすべての子企業の連結を含む「世界決算書」(Weltabschluß) の作成が要求されている（商294条1項），②連結決算書に計上される連結組入企業の資産・負債は，親企業の年度決算書（個別決算書）に適用される評価方法により統一的に評価しなければならない（商308条1項1文）として，統一的評価の原則（Grundsatz der einheitlichen Bewertung）が規定され，これによって旧法上の連結決算書に対する個別決算書の基準性の原則が取り替えられる，③資本連結の方法として，英米式の買収法または取得法（いわゆる「損益作用的取得時連結法」(Methode der erfolgswirksamen Erstkonsolidierung)) が標準的方法—簿価法と（限定的

再評価法の2つを含む—として採用されている（商301条1項），⑷関連会社に対する資本参加は持分法により評価する（商312条1項）ことなどが挙げられる。[10]

しかしながら，1985年改正商法では，こうした情報開示面での改善がみられる一方で，いぜんとして債権者保護のための分配測定機能の優位性というドイツ的特質が固持され，資本維持の要請に基づく保守的な処理方法が保持されている。ここでは，「英米型」モデルと対比して特に問題になる処理方法として次の諸点を指摘しておきたい。これらの保守的な処理は，利益の内輪の計上を通じて，秘密積立金の設定に導くおそれがあるために情報開示機能は制約されざるをえない。

(1)無償取得の無形固定資産の資産計上が禁止される（商248条2項）。この計上禁止措置は，IAS（9号）における一定の条件を満たす開発費についての資産計上要求とは一致しない。なお，US-GAAPでは（研究）開発費の資産計上は禁止される（ただし，市販用ソフトウェアの開発費について特定工程にかかわるものは資産計上が要求される（SFAS 86号））。(2)長期工事収益の認識には，（評価の一般原則の1つである）実現主義（商252条1項4号）の要請から工事完成基準が適用される。一方，US-GAAPでは，原則として工事進行基準が適用され，またIAS（11号）では，測定の信頼性が満たされる限り，工事進行基準の適用が強制される。(3)短期投資（流動資産に属する有価証券）の評価には低価法の適用が強制される（商253条3項1文）。一方，US-GAAPでは時価評価が適用される。またIAS（25号）では時価評価または低価法の適用が要求される。(4)不確実債務等の偶発事象に対してかなり広範に引当金の設定が要求される（商249条1項）。すなわち，慎重性の原則により，将来における発生の蓋然性が比較的小さくても（50％以下でも）設定され，またその範囲も広範にわたっている。一方，US-GAAPでは引当金の設定は制限されており，特に「発生の可能性が高い」（probable）場合に認められるが，これは約70〜80％以上の蓋然性を指すものと厳格に解され，またその範囲も非常に限定されている。またIAS（10号）では，問題の"probable"概念は明確に定義されていないが，US-GAAPよりは緩く，50％超の場合には設定が許容されると解される。[11]

以上に述べたように，1985年商法でも，年度決算書（個別財務諸表）にかかわる分配測定機能の優位性はいぜんとして保持され，またそれに伴い情報開示機能は拘束ないし制約されるために，ドイツ会計の国際的調和化—調和化の第2段階を画する，IASないしUS-GAAPに代表される国際標準との調和化には困難が伴わざるをえないであろう。

3 ▶ 国際企業の国際的調和化の動向

(1) アンケート調査にみる調和化への方向

　従来，ドイツは，その会計制度に内在する上述のような基本的特質のために，会計の国際的調和化，特に「英米型」モデルに基づく国際標準との調和化には消極的な態度をとってきた。[12]

　しかしながら，1990年代になると，状況は変化した。特に国際企業による国境を越えた取引や投資の増大とグローバル化した資本市場からの資金調達ニーズの高まりを背景にして，会計基準の国際標準との調和化問題が優れて現実的な課題として提起されるに至ったのである。

　周知のように，会計の国際的調和化への1つのステップに，財務諸表（連結財務諸表）の「相互承認」（mutual recognition）方式がある。これは，会計基準が相互に同等と認められる場合には有効であるが，逆に会計基準相互間に著しい相違がある場合には，その効果は期待できず，利用することができない。従来ドイツやEUはUS（SEC）と相互承認の実現に向けて交渉したが，実現をみなかった理由も，USのサイドからは，ドイツ商法やEC会社法指令などの会計基準は特にUS-GAAPに比べ情報水準の点で劣り，またそれほど詳細な基準を含んでいないなどのために，ドイツやEU企業の財務諸表等の情報開示能力は相対的に低いとみなされたことに求められる。[13]

　この問題について，ドイツ基準に基づく財務諸表（連結財務諸表）の情報価値等に関する興味のあるアンケート調査の結果がG.フェルシューレなどによって発表されている。[14]この調査は，会計調和化に関して，ドイツ上場会社80社（93年度売上高10億DM超の会社。銀行および保険会社を除く）の経

営者および会計学者66名を対象に行われたものである。回答数は前者は63社（回答率78.8％），後者は43名（同65.2％）であった。ここで，その内容の一部を紹介したい。

質問1：ドイツ商法基準に準拠した連結財務諸表はドイツ株式の国際的流通にとって障害となるか。

この回答結果は，［第1表］に示した通りである。

［第1表］ドイツ商法に準拠した連結財務諸表の株式の国際的流通に及ぼす影響

	全く障害ではない	わずかの障害	比較的大きな障害	決定的な障害
企業	6％	48％	41％	5％
学者	0％	19％	71％	10％

出所：Förschle et al.；a.a.O., S.397.

これからわかるように，企業経営者の約半数は，ドイツ基準に基づく連結財務諸表はドイツ株式の国際的流通に対してわずかの障害にすぎないとみて，あまり懸念していないのに対して，学者は71％が比較的大きな障害があるとし，また10％が決定的な障害があるとさえみている。

質問2：ドイツ商法に準拠した財務諸表はUS-GAAPに準拠した財務諸表に比べ投資家にとって情報価値があるか。

［第2表］ドイツ商法に準拠した財務諸表とUS-GAAPに準拠した財務諸表の情報価値の比較

	情報価値は低い	情報価値は同等	情報価値は高い
企業	40％	48％	12％
学者	73％	21％	6％

出所：Förschle et al.；a.a.O., S.401.

これから明らかなように，経営者は，ドイツ商法に準拠した財務諸表の投資情報としての価値について比較的多数（60％）が肯定的に評価しているの

に対して，学者の側では，それを上回る73％が情報価値は総体的に低いと評価し，厳しい意見を表明している点が注目される。この2つの異なる評価のうち，やはり学者の評価の方がドイツ企業の財務諸表の投資情報としての限界を客観的に把握しているように思われる。

質問3：ドイツ会計基準はどのように変更されるべきか。

[第3表] ドイツ会計基準と国際標準との選択

選択肢	(1)	(2)	(3)	(4)	(5)
企業	28％	38％	20％	11％	3％
学者	10％	16％	39％	8％	27％

(注) 選択肢（1）：まったく変更の必要はない。
　　　選択肢（2）：連結財務諸表をドイツ商法，IASまたはUS-GAAPのいずれかにより作成する。
　　　選択肢（3）：連結財務諸表をIASにより作成する。
　　　選択肢（4）：連結財務諸表をUS-GAAPにより作成する。
　　　選択肢（5）：連結財務諸表だけでなく，個別財務諸表もIASにより作成する。
出所：Förschle et al. : a.a.O., S.407.

　この表にみられるように，経営者の側では，ドイツ会計基準はまったく変更する必要はない（選択肢1）とする現状肯定的な意見が28％あり，また連結財務諸表をドイツ商法，IASまたはUS-GAAPのいずれかにより作成すべきである（選択肢2）とする折衷的な意見が38％と多数を占めている。一方，学者のなかでは，連結財務諸表をIASにより作成すべきである（選択肢3）という見解が39％と多数にのぼり，また連結財務諸表だけでなく，個別財務諸表をもIASにより作成すべきである（選択肢5）とする意見も27％ある。したがって，学者の約2/3（66％）は，最低限連結財務諸表についてIASベースでの変革を求めていることがわかる。

　以上紹介したフェルシューレなどによる調査結果について，ここでは特に次の諸点に注意を喚起しておきたい。(1)経営者は，現行の会計基準をできるだけ維持し，連結財務諸表について調和化の必要を認めながらも，ドイツ基準か国際標準かの選択という形での現状妥協的な対応を望む傾向がある。(2)学者の多くは，それと対照的に，現行基準の変更を指向し，連結財務諸表

はもちろんのこと，個別財務諸表についてもIASによるとする見解がかなり多くみられる。(3)両者とも，国際標準としては，どちらかというと，US-GAAPよりもIASに関心を向けているようにみえる。特に学者の側にはその傾向が強いといえる。

(2) 国際企業の動向

　さて，ドイツ国際企業は，特に93年頃（それは上記のアンケート調査が行われた年度でもある）から，ニューヨーク証券取引所（NYSE）を中心とした国際資本市場からの有利な多額の資金調達を図ることを目指して，国際投資家の投資意思決定に有用な国際的に比較可能な会計情報を提供するために，特に連結財務諸表レベルで「英米型」モデルに基づく国際標準を相次いで受け入れ，それらに準拠した決算書を公表するという行動をとった。周知のように，その先鞭をつけたのは，1993年にNYSEへドイツ企業として初めて株式を上場したベンツ社である。

　これらの国際企業の会計調和化―世界的規模での調和化―への対応には，特に国際標準としてどの会計基準（US-GAAPか，IASか）を受け入れるか，また当該国際標準とドイツ基準をも満たす1組の連結情報を公表するか，これら2つの基準に基づく2組の連結情報を別個に公表するかにより，次の2つの方式がみられる[15]。すなわち，(1)国際標準としてUS-GAAP（SEC基準）を受け入れ，かつUS-GAAPとドイツ商法の2つの基準に基づく2種類の連結財務諸表を作成・公表する方式と，(2)国際標準としてIASを採用し，ドイツ基準にもIASにも適合する1組の連結財務諸表を作成・公表する方式である。ある文献によると，(1)は「並列財務諸表」（Parallelabschluß）と呼ばれるのに対して，(2)は「二重の連結財務諸表」（dualer Konzernabschluß）と呼ばれる[16]。

　これらの2つの方式のいずれにおいても，調和化の対象は少なくとも直接は連結財務諸表に限られているが，その理由は次の2点にあると思われる。すなわち，第1の理由は，連結財務諸表こそ国際資本市場における第一義的に重要な情報開示手段であり，その比較可能性の改善自体が現在行われている国際的調和化論議の焦眉の課題となっているという点であり，第2の理由

は，ドイツ会計の特質として，個別財務諸表は分配測定機能を主要な機能としているために，債権者保護システムや課税システム自体に主要な変更を加えずに，その調和化を図ることは困難であるが，連結財務諸表はもっぱら情報開示機能を有するだけであるから，比較的容易に国際標準（US-GAAPまたはIAS）に移行することができるという点である。[17]

この2つの対応方式のうち，(1)は前出のベンツ社が1993年にNYSEへの20億DMを越える金額の株式の上場認可をうけるための条件として採用した方法である。それは実際には，ドイツ商法に基づく連結財務諸表のほかに，Form 20-Fに従って，特にSEC基準（US-GAAP）に基づく調整表—正式には，「連結純利益および株主持分の米国会計基準への調整表」(Reconciliation of Consolidated Net Income and Stockholders' Equity to U.S. GAAP) と呼ばれる—を作成・公表するという内容をもつものであった。

ベンツ社がこのような方式を採用したのは，直接には，もちろん，上述のように，特にUSとの間に相互承認制がとられておらず，SECが外国会社の会計報告に関しUS-GAAPへの準拠を求めているという制約条件のもとで，その意図するNYSEへの上場—多額の資金調達を実現するという理由からである。しかし，そのような理由だけではない。同社のJ.E.シュレンプ会長自身が述べているように，[18] より透明で，操作の介入する余地の少ないUS-GAAPを採用することにより自社の会計制度を改善し，利益重視の方向へ会社を変革していくうえでの推進力とすることもその理由であるといわれる。

しかしながら，この方式は，他面で，特に2組の会計基準への準拠に伴う問題，すなわち，ドイツ企業に超過費用の負担をもたらし，また投資家の投資判断を混乱させるなどの理由から，長期的には承認できないものとして批判された。[19]

その後，1996年11月に，NYSEへ上場したドイツ・テレコム社も，US-GAAPに準拠した連結財務諸表を公表した。しかし，テレコム社の場合には，もっぱらこの型の連結財務諸表を公表しているだけで，先のベンツ社のケースにみられるように，ドイツ商法基準による連結財務諸表の作成を前提とした「調整表」の公表は見受けられない。それは，特に国際標準（US-GAAPまたはIAS）に準拠した連結財務諸表に制度的保証を与えるための措置であ

る後出の「資本調達促進法（案）」の実施を先取りした措置であると解される。

一方，上記の(2)の方式は，ベンツ社に続いた，バイエル社，シェーリング社，ハイデルベルガー・セメント社，ヘキスト社などが採用した方法である。これらの国際企業は，準拠すべき国際標準として特に国際機関である国際会計基準委員会（IASC）の設定するIASを採用することにより，ベンツ社とは異なる方向を指向したのである。そのため，これらの企業は，ベンツ社のように，ドイツ連結財務諸表のほかに，国際標準に基づく調整表を公表しているわけではなく，むしろ，ドイツ商法に従って作成された連結財務諸表において，特にIASがドイツ商法と一致している場合，あるいはドイツ商法上会計処理選択権が許容されている場合に，それ（IAS）を適用するという形をとっているのである。[20]

もっとも，この場合にも，特にバイエル社の1994年次報告書にみられるように，「IASの適用から生ずる収益および費用に対する影響額」（income and expenses resulting from changes）についてのごく簡単な内訳表という形であるが，IASの適用に伴うドイツ基準との損益額の相違が開示されているのが注目される。ただし，1995年以降はこの内訳表は提示されていない。またバイエル社以外の会社では，当初から見受けられない。

バイエル社等の国際企業がこの(2)の方式を採用した理由は，次の2点にあると思われる。1つは，前記の(2)の方式の適用による2組の連結財務諸表の作成・公表に伴う企業側での報告費用の負担と，投資家等情報利用者の側での混乱を回避することであり，いま1つは，ドイツの背後にあるEUの側で，特に1990年以降EU委員会がIASCの諮問グループに参加するなど両者の間に協調体制ができあがり，EUとしてIASを支持する方向が明らかになったことである。[21]

では，バイエル社等の国際企業がこのような対応方式を採用したのはなぜか。SECは現段階ではIASを承認していない（ただしIAS7号「資金収支計算書」を除く）ために，こうした形での対応が少なくとも当面はアメリカ資本市場への株式の上場を意図したものではないことは明らかである。むしろ，それは，ある論者の指摘しているように，[22]国際的に承認された基準に準拠した会計報告をもって，各国の国際企業と優劣を競い，かつ「地方的な」情報

開示という印象を回避することを目指したものといえるであろう（もちろん，SECが近い将来IASを承認するものと見越して，NYSEへ上場することを想定していることは否定できない）。

ただし，この方式は，後にみるように，1993年改訂前の広範な選択権を含むIASの適用がその前提とされているが，1993年11月にIASが選択権を削除する趣旨で改訂されたことにより，改訂IAS実施（1995年1月以降）までの暫定的な措置にとどまらざるをえないと思われる。さらに，ドイツ銀行は，1995年度から，営業報告書（および年次報告書）においてIASに準拠した連結財務諸表を公表している。そして，国内の証券取引所には，それと別個に，ドイツ商法に準拠した連結財務諸表を提出している。この会計調和化への対応方式は，国際標準としてIAS（ただし1993年改訂IAS）を採用しているという点では，上記の(2)の方式に該当するが，しかしIASとドイツ商法の2組の連結財務諸表を作成・公表するという点では，(1)の方式に相当するものであり，その意味で，両者の折衷的な方式であるとみられる。

したがって，ここでも，ベンツ社のケースと同様に，2組の会計基準への準拠に伴う問題が生じざるをえない。この問題について，ドイツ銀行の営業報告書（および年次報告書）では，「当行は，今後数年のうちに，IASに準拠した連結決算書のみの提出を認める法案が可決されることを期待している」（ドイツ銀行：Geschaftsbericht 1996, S.45. 同「1996年度年次報告書（日本語版）」44頁）と述べられ，資本調達促進法（案）の成立をもって対応しうるものと考えられている。

4 ▶ ダイムラー・ベンツ社のケース

(1) ベンツ社の対応

すでに紹介したように，ベンツ社は，1993年にNYSEに株式を上場するために，ドイツ企業としてはじめてSEC Form-20 Fに従い，US-GAAPに準拠した連結財務諸表を公表した会社として知られているが，手元にある同社の投資家向けの年次報告書をみると，US-GAAPへの準拠といっても，ここ

では，ドイツ商法に基づく連結財務諸表にUS-GAAPに基づく「調整表」を結合するという内容のものが示されている（「1993年度年次報告書（日本語版）」21頁以下参照）。ブッセ・フォン・コルベも，「すでに唯一のドイツ企業として，ベンツ社は，SEC Form-20 Fに従い，ドイツ連結会計規定とアメリカ連結会計規定との間の，当期純利益と自己資本の「調整表」によって結びつけられる適合に応じた」[23]と述べている。「1994年度年次報告書（日本語版）」および「1995年度営業報告書（ドイツ語版）」にも，同様にこの「調整表」が掲載されている。なお，同社は，連邦公報では，ドイツ商法に準拠した決算書を公表している[24]。

しかし，1996年度にはこの点に変化がみられた。すなわち，全世界（ドイツを含む）において，US-GAAPによる財務書類のみを投資家向けの年次報告書（annual report）等で開示することとした。その理由は(1) 2つの会計基準に基づく開示に伴う経費負担を軽減すること，および(2) US-GAAPの方がドイツ会計基準よりも透明性が高く，他の国際企業グループとの比較が容易になると考えられることにあるといわれる（そのため，有価証券報告書でも，US-GAAPに準拠して作成された財務書類を記載することに変更した）（東京証券取引所に提出された「1996年度有価証券報告書（日本語版）」41頁参照）。これに伴い，前記の「調整表」は作成されていない。

さて，ベンツ社の前出の「1993年度年次報告書（日本語版）」をみると，「財務状況についての検討および分析」の表題のもとで，ドイツ基準に基づく連結貸借対照表および連結損益計算書のほかに，追加情報として，特にセグメント報告書（これは，現行商法で要求されている情報内容を越えている），SFAS 95号に基づく連結キャッシュ・フロー計算書，ならびに問題の「連結純利益および株主持分の米国会計基準への調整表」（以下，「調整表」という）などが記載され，SECの開示要請に適合するという形になっている。

(2) 「調整表」の内容とその検討

ここで，ドイツ会計基準のUS-GAAPへの適合に関し特に重要な「調整表」を1992年（NYSEへ上場する前年）から1995年にかけての各事業年度について比較した形で示すと，［第4表］のようになる。

この調整表を分析すると,以下の諸点が明らかになる。

① **連結純損益について**

連結純損益については,1993年には,ドイツ基準による純利益615百万DMからUS基準による純損失1,839百万DMへと正負大幅に逆転し,著しい相違がみられるが,それを除くと,両者は比較的接近しているようにみえる。しかし,その内訳をみると,これら2つの基準の間にはかなりの違いがあることがわかる。その主要な項目には,長期請負契約,営業権および事業買収,年金・その他の退職後給付,外貨換算,金融商品,有価証券ならびに繰延税金などがある。これらの項目の多くは,年度により,増加要因としてあるいは減少要因として作用しているが,なかには,営業権および事業買収のように,一貫して減少要因として作用しているものもある。また,年金等も,特に起点をなす1992年を除き,減少要因として働いている。一方,繰延税金は,1992年を除き,増加要因として作用している。これらの要因の作用の総合として,US基準による純利益は,1993年を除き,ドイツ基準による純利益に比較的接近するという結果を示しているのである。

② **株主持分について**

株主持分については,ここで比較の対象として取り上げた全期間を通じて,US基準による方がドイツ基準による場合よりも相当多額に計上され,この期間に1.40倍(1992年)から1.65倍(1995年)にのぼっていることがわかる。なかでも,処分済利益剰余金(引当金,準備金および評価修正)が一貫して大きな増加要因として作用する一方で,年金・その他の退職後給付金が,それよりも小幅ではあるが減少要因として作用している点が注目される。このような株主持分における主要な相違は,ドイツ基準がUS基準よりも多分に保守的な内容をもつものであることを示すものにほかならない。

こうした相違が生ずる主な項目には,前出の処分済利益剰余金のほかに,①で示した諸項目がある。

③ **ドイツ基準とUS基準の主要な相違**

ここで,ドイツ基準とUS基準の間にみられる主要な相違について検討

しよう。なお，Daimler-Benz; Form 20–F. Listing on the New York Stock Exchange, 1993（以下，Ａと記す），「1993年度年次報告書（日本語版）」（同じくＢと記す），Annual Report 1994（Ｃと記す）を参照する。

(a) 処分済利益剰余金（引当金，準備金および価値修正）

　ドイツ基準では，引当金，準備金および価値修正がかなり広範にわたり許容される。また，その計上額はそれに対応するUS基準による計上額よりも保守的であるという点で，その差額相当額は処分済利益剰余金（appropriated retained earnings）に類似するとみられる（A，F–9）。

　この処分済利益剰余金の差異をもたらす主な事例の1つは，US基準では，ドイツ法上許容される広範な貸倒引当金の設定が認められない点である。そのために，ドイツの貸倒引当金の過剰部分は取崩されなければならず，純利益と株主持分に影響を及ぼすことになる（その結果，棚卸資産および売掛金の評価額も修正されることになる）。「調整表」では，この種の利益剰余金が配当源資として分配可能でないことをUSの投資家に示すために，「処分済利益剰余金」という用語が用いられている（B，27頁）。

(b) 長期請負契約

　長期請負契約に関する収益および費用は，実行可能な限り，工事完成基準に基づいて計上されているが，US基準では一般に工事進行基準により計上される。当グループの大抵の契約は受取額に基づく利益の部分的認識と前渡金の部分的計上を要求するものであるが，このような内容の契約はUSでも通例であり，US基準によっても認められている。したがって，結果的には差額は重要ではない（B，28頁）。

(c) 営業権および事業買収

　ドイツ基準によると，事業買収に伴う営業権は，株主持分に直接賦課されるか，または資産計上されて，見積耐用年数（一般に5年から15年に至る期間）にわたり償却される。一方，US基準では，取得原価と公正価値との差額が資産計上され，40年を越えない見積耐用年数にわたって償却される（B，28頁）。US基準との調整目的のためには，営業権は損益計算書を通じて特に15

[第4表] 連結純利益および株主持分の米国会計基準への調整表

(単位：百万DM)

	1995年	1994年	1993年	1992年
ドイツHGB（商法）による連結純利益	(5,734)	895	615	1,451
控除少数株主持分		159	(13)	(33)
ドイツの規則に基づく調整後純利益		1,054	602	1,418
加算（減算）処分済利益剰余金の変動（引当金、準備金および価値修正）	(640)	409	(4,262)	774
	(6,374)	1,463[1,304](注1)	(3,660)	2,192
追加調整				
加算（減算）				
長期請負契約	(9)	53	78	(57)
営業権および事業買収	(2,241)	(350)	(287)	(76)
MBL自動車リース社（有限合資会社）の連結解除	369	(652)	—	—
事業処分	—	—	—	337
年金およびその他の退職後給付金	(219)	(432)	(624)	96
外国通貨換算	52	(22)	(40)	(94)
金融商品	49	633	(225)	(438)
有価証券	238	(388)	—	—
その他の評価差額	(215)	73[232](注2)	292	88
繰延税金	2,621	496	2,627	(646)
米国会計基準に準拠した会計原則の変更による累積営業額控除前の米国会計基準による連結純利益（損失）		874	(1,839)	1,402
年金以外の退職後給付金に対する米国会計基準に準拠した会計上の変更による累積影響額（税金33百万DM控除後）		178	—	(52)
米国会計基準による連結純利益	(5,729)	1,052	(1,839)	1,350
米国会計基準による1株当たり利益（損失）	DM(111.67)	DM21.53	DM(39.47)	DM29.00
米国会計基準による1米国預託証券当たり利益（損失）	DM(11.17)	DM 2.15	DM(3.95)	DM 2.90

(単位：百万DM)

	1995年	1994年	1993年	1992年
ドイツ HGB（商法）による株主持分	13,842	20,251	18,145	19,719
控除少数株主持分		(151)	(561)	(1,228)
ドイツの規則に基づく調整後株主持分		20,100	17,584	18,491
加算（減算）処分済利益剰余金（引当金、準備金および価値修正）	5,604	6,205	5,770	9,931
	19,446	26,305[26,456]（注3）	23,354	28,422
追加調整				
加算（減算）				
長期請負契約	253	262	207	131
営業権および事業買収	(559)	1,978	2,284	1,871
MBL自動車リース社（有限合資会社）の連結解除	(283)	(652)	—	—
年金およびその他の退職後給付金	(2,469)	(2,250)	(1,921)	(1,212)
外国通貨換算	115	63	85	(342)
金融商品	1,058	1,013	381	580
有価証券	525	27	—	—
その他の評価差額	(1,073)	(185)	(698)	(1,078)
繰延税金	5,847	2,874	2,489	(131)
米国会計基準による株主持分	22,860	29,435	26,281	27,604

出所：ダイムラー・ベンツ社「営業報告書1995年度版（日本語版）」29頁、「営業報告書1995年度版（独語版）」49頁、「年次報告書1994年度版（英語版）」67頁、「有価証券報告書1993年版」29頁。なお、訳語は一部修正してある。

注：「営業報告書1995年度版（独語版）」については、次の3点に注意されたい。(1)「ドイツHGB（商法）による連結純利益」から控除される「少数株主持分」の金額が示されておらず、「ドイツの規則に基づく調整後純利益」(6,374)に対応する94年度数値として(1,304)（注1）が表示されている。同様に「ドイツHGB（商法）による株主持分」から控除される「少数株主持分」の金額が示されておらず、「ドイツの規則に基づく調整後株主持分」(19,446)に対応する94年度数値として(26,456)（注2）が表示されている。さらに(3)「その他の評価差額」(215)に対応する94年度数値として(232)（注3）が表示されている。期間比較の際には、これらの点に留意する必要がある。

資料 173

年と40年の間の見積耐用年数にわたり償却している（A, F-9）。

(d)　年金・その他の退職後給付金

　ベンツ社は，年金費用およびそれに類する債務（退職後給付金を含む）につき，保険数理計算（割引率6％）に基づき，ドイツ税法で定義された（将来の昇給を考慮しない）「加入年金方式」(entry age method) を用いて引当計上を行っている。これに対して，US基準では，SFAS 87号「事業主の年金会計」(1985年) に定められているように，特に保険数理上の仮定の使用にはより規制的であり，また別の保険数理計算法である（将来の昇給を考慮する）「予測単位年金積増方式」(projected unit credit method) を適用することが要求される（A, F-10）。

　これら2つの基準間のいま1つの相違は，USでは，SFAS 106号「事業主の年金以外の退職後給付の会計」(1990年) により，退職者の健康医療費は保険数理的に計算され，引当計上されなければならないことから生じる（B, 28頁）。

(e)　外貨換算

　ベンツ社は，外貨建金銭債権については，取引日レートと決算日レートのいずれか低いレートで換算し，また金銭債務については，取引日レートと決算日レートのいずれか高いレートで換算している。その結果，未実現損失（為替差損）は当期に認識されるが，未実現利得（為替差益）は実現するまで繰延べられることになる。在外子会社の貸借対照表項目は，原則として決算日レートで換算している。ただし，超インフレ下の国にある子会社の固定資産および棚卸資産はこの取扱いから除外され，取引日レートで換算されている。貸借対照表項目の換算による差額は株主持分の部に記載している。費用・収益項目および当期純利益は期中平均レートで換算している。

　一方，US基準では，SFAS52号「外貨換算」(1981年) により，外貨建金銭債権債務は決算日レートで換算され，それから生ずる未実現損益は当期損益として認識される。在外子会社の資産・負債は決算日レートで換算され，また損益計算書項目は期中平均レートで換算される。超インフレ下の国にあ

る子会社の資産・負債は，貨幣項目については決算日レートで，また非貨幣項目については取得日レートで換算することにより，機能通貨で再測定される。それから生じる換算損益は当期損益として認識される（A，F-7 and F-10）。

(f) 金融商品

ベンツ社は，先物取引に関連する為替リスクをヘッジするために，金融商品を利用する契約（為替予約）を結んでいる。ドイツ商法上の不均等原則により，そのような金融商品に関する未実現損失に対しては準備金を設定するが，未実現利得は実現するまで認識しない。一方，US基準では，ヘッジ会計の適用を律する規則がある。ヘッジの適用対象とならない（投資目的の）金融商品は時価で評価し，未実現損益は当期損益として認識する（SFAS 52号）（A，F-10. B，28頁）。

(g) 繰延税金

ドイツ基準では，（連結）繰延税金資産は，一般に連結組入会社間取引利益（intercompany profits）の除去のために認識される。その他の繰延税金は負債法（債権債務法）により算定される。ただし，それは，連結繰延税金負債が連結繰延税金資産を越える金額（純額）で認識されるにすぎない。これに対して，US基準では，SFAS 109号「法人所得税の会計」により，繰延税金は，法定税率（enacted tax rates）に基づく負債法を用いてすべての一時的差異（評価修正や税務上の繰越損益金も含む）に対して計上される。なお，［第4表］の「調整表」に含まれる繰延税金修正には，US基準修正にかかわる所得税効果も含まれる（A，F-11. B，29頁）。

最後に，有価証券の評価に触れておく。ドイツ基準では，流動資産に属する有価証券は低価法が強制される。固定資産に属する有価証券は原則として取得原価で評価し，決算日の時価が低いときには低価法の適用が許容される。価格下落が永久的とみられる場合には，評価減が強制される。一方，USでは，SFAS12号「一定の市場性ある有価証券の会計」（1975年）により，市場性ある持分証券には総額低価法（洗替方式）の適用が強制される。短期保有債券は取得原価評価を原則とするが，時価が相当下落したときは，相場が回復

するという証拠がある場合を除き，評価減が強制される。長期保有確定利付債券には償却原価法が適用される。

しかし，このような評価規則は，1993年に公表されたSFAS115号「一定の債務証券・持分証券の会計」により大幅に改訂された。これによると，有価証券は保有目的から満期保有証券，売買目的証券，売却可能証券（前2者以外のものをいう）の3種に分類されるが，そのうち満期保有証券は償却原価法で評価し，また売買目的証券（短期保有証券）と売却可能証券は公正価値（時価）で評価する。そして，売買目的証券にかかわる評価差額（未実現保有損益）は当期損益に計上するが，売却可能証券にかかわる評価差額は純額で株主持分の独立科目として記載する。したがって，この新基準によると，ドイツ基準と著しく異なることになる。

以上，前出の「調整表」に示されたドイツ基準とUS基準の間の「連結純利益」と「株主持分」の相違をもたらす会計処理の内容について説明したが，このことから次の諸点を導き出すことができるであろう。

ドイツ基準の視点からみると，連結純利益の計算上収益ないし利得については，US基準に比べて，一般に，その計上を遅らせる傾向がある一方で，費用ないし損失については，その計上を早める傾向がある。その結果，連結純利益は相対的に圧縮されざるをえない。このようなパターンの損益の期間転移という形で，ドイツ会計に内在する保守主義的な特質が表出しているのである。前出の「調整表」では，先にも指摘したように，特に営業権の償却および年金引当金（費用の相対的に過大な計上要因）が一貫して（あるいはほぼ一貫して）連結純利益の減少要因として取り扱われていること，また（年金引当金以外の）諸引当金や税法上の諸準備金が連結純利益の比較的大きな増減要因として示されていることなどが注目される。これらの要因の相互作用により，ドイツ基準による連結純損益は，1993年を除き，US基準による利益数値に比較的近似する結果になっているのである。

次に，株主持分（純資産）の計算レベルでは，ドイツ基準はUS基準に比べ，計上と評価の両面において，総じて資産価額の相対的に過小な計上をもたらし，また他方で，負債価額（または税法上の諸準備金で，「準備金的性質を有する特別項目」（Sonderposten mit Rücklageanteil）と呼ばれるもの）

の相対的に過大な計上をもたらし，秘密積立金の形成に導く傾向がみられる。その結果，株主持分はUS基準よりも相当縮小されざるをえない。この点に，ドイツ会計のもつ保守主義的な体質がより明確に見出される。

「調整表」では，長期請負契約，金融商品，繰延税金および処分済利益剰余金（諸引当金，税法上の諸準備金など）がほぼ一致して増加要因として取り上げられていること，またそのなかでも特に後2者の増加額が大きいことが注目される一方で，年金引当金とその他の評価差額（棚卸資産やリース契約に関する差異などを含む）が継続して減少要因として作用している点が目につく。その結果として，先にも一言したように，この期間に，US基準による株主持分額はドイツ基準による場合に比べて著しく大きくなっているのである（1.40倍から1.65倍へ）。

(3) 会計方針の変更

以上にみた限りでは，ベンツ社はNYSEへの上場にあたり，連結会計のレベルで，特にドイツ会計に内在する保守主義的な特質は基本的にこれを保持ないし温存する方向で，US-GAAPとの調整を図るという形での会計政策を採用したように解されるかもしれない。しかしながら，実際には，当社は，NYSEへの上場に備えて，すでに80年代の後半から数回にわたり会計方針の変更を企てたのであった。

ここで，手元にある資料の範囲内で，ベンツ社の会計方針等の変更のケースを跡づけると，以下のようになる。

① 1987年および1989年の変更

これについて，キューティングは次のように述べている。「すでに1987年と1989年に，ダイムラー・ベンツ・グループにおいて会計処理に基本的な変更が企てられた。1987年には自己資本と当期純利益が10億DMだけ下方に計算されたのに対して，1989年にはこの双方の数値は上方に変更された。会計政策（Bilanzpolitik）におけるより大きなジグザグコースは，他のコンツェルンではまったく認識されえなかった」[25]。このうち特に89年の変更について，「1993年度年次報告書（日本語版）」では次のように説明している。「当社は，他企業との比較を容易にして報告方法を改善するために，その計上方

法と評価方法を1989年の連結財務諸表より国際的な慣行（特にUS-GAAPを指す—引用者注）に準拠している」(21頁，一部訳語を訂正)。したがって，1987年の会計処理方法の変更はUS-GAAPへの準拠を目的としたものであるということができる。

② 1992年の変更

選択された会計政策として，特にベンツ社における年金引当金および棚卸資産の評価の変更が取り上げられ，これにより約45億DMの特別利益が計上されたことが指摘された。[26]

③ 1993年の変更

93年の連結財務諸表で，ベンツ社は計上方法と評価方法をできるだけUS-GAAPに近づけるように調整した。この作業は，同時にドイツ商法上の貸借対照表（商事貸借対照表）と税法上の貸借対照表（税務貸借対照表）との実質的な調整と統合をも達成するものであるが，それにより連結財務諸表上26億DMの一過性の税引前利益が生じた（「1993年度年次報告書（日本語版）」21頁）。これに関連して，キューティングは，ここで「保証および大修繕引当金は税法上承認された額だけが切り離され，残余は自己資本に振り替えられる」[27]と指摘しているが，これは，前出の②とともに，個別財務諸表レベルの変更にかかわるものであったとみられる。(注)

　(注) なお，上記のような数次にわたる評価方法等の変更は，特に根拠のある例外的な場合を除いて，前年度と同一の評価方法（計上方法を含む）を保持すべきことを要求する現行商法上の評価継続性の原則（253条1項6号）に抵触しないのかという疑問が提出されるが，決算監査人は，それぞれの財務諸表は現行のGoBと一致し，それゆえにドイツ商法に違反していない旨の監査意見を表明した。[28]

これらから明らかなように，ベンツ社は，すでに1987年からNYSEへの上場に備えて，US-GAAPに適合するように数次にわたって，自社の会計処理方法を変更していたこと，さらに重要なことには，連結財務諸表のレベルでの変更だけでなく，個別財務諸表についても，その内容は必ずしも明確で

はないが，その変更を企てていたことがわかるであろう。この後者の問題について，キューティングは，「ダイムラー・グループは，よりにもよって，なぜ個別財務諸表を変更したかという疑問が提示される。その理由は，USでは伝統的に連結財務諸表が第一義的に重要な決算書とみなされており，また当グループは，それに相当する評価変更をすでに1989年に実行したからである」[29]と述べている。

このように，ベンツ社のケースでは，US-GAAPへの適合のために，部分的ではあるとしても，特に基本財務諸表である個別財務諸表レベルでの調整が行われたが，このことは，会計調和化に向けて債権者保護のための資本維持目的というドイツ会計の伝統からの離脱，したがってドイツ会計のパラダイム転換の可能性を示唆するものとして注目に値する。

しかし，このような数次にわたる会計方針の変更にもかかわらず，当社の採用する会計基準とUS-GAAPとの間にはいぜんとして重要な相違があることは，上記の検討結果から明らかである。

5 ▶ 結び

すでにみたように，ドイツ会計は，従来，それに内在する「大陸型会計」としての特質から，それと異質的な「英米型会計」モデルに基づく国際標準への適合を内容とする調和化—世界的規模での調和化—には消極的な態度をとってきた。しかしながら，1993年に資本市場の一層のグローバル化を背景にして，NYSEへ上場するために，ベンツ社がUS-GAAPに準拠した連結財務諸表を公表したのを契機として，国際企業の問で調和化への動きが一挙に広がり，翌94年には，バイエル，シェーリング，ヘキスト，ハイデルベルガー・セメントなどの各社が相次いでIASに準拠した連結情報を公表したのである。ベンツ社はその先駆的な意義を有するのである。

これらのドイツ国際企業の調和化の企ては，特に国際資本市場で要求される連結情報レベルでの国際標準への適合という点で共通性がみられる。それは，国際資本市場で直接要求される会計情報は連結財務諸表であるという理

由のほか,ドイツでは個別財務諸表は特に分配測定という固有の機能を有するためにその調和化には困難が伴うという理由によるものと解される。しかし,国際標準として何を受け入れるかという点で,2つの方式がみられる。1つは,ベンツ社のケースにみられるものであり,国際標準として特にUS-GAAPを受け入れ,US-GAAPとドイツ商法の2基準に準拠した2組の連結情報を公表するという方式—手元にある同社の財務書類によると,実際には「調整表」の公表という形でのドイツ基準とUS-GAAPとの調整がはかられている—である。この方式には,費用の超過負担と投資家の側での投資判断上の混乱という問題が伴わざるをえない。

いま1つは,バイエル社など数社のケースにみられるものであり,国際標準としてUS-GAAPを採択し,個別情報から分離して,IASもドイツ基準も満たすような1組の連結財務情報を公表するという方式である。この方式は,上述のようにEUレベルにおけるIASとの協調体制の成立を背景に適用されたものであり,第1の方式に伴う問題を回避するという利点を有する。[注]

> (注) ここでバイエル社のケースについてみると,「1994年度年次報告書(英語版)」では,IASを適用した連結財務諸表の冒頭の「経営者の注釈」の項に先にも紹介した「IASの適用から生ずる費用・収益の影響額」の内訳が記載されているが,これからドイツ基準とIASの相違は意外に小さいことがわかる(*Annual Report 1994*, p. 48;「同有価証券報告書(日本語版)」52頁)。報告書でも「株主持分および利益に対する影響は重要なものではない」と説明されている。そして監査報告書では,「われわれの意見では,バイエル・グループの連結財務諸表は,注記に記載されている追加情報を含めて,IASにも準拠している」と指摘されている(*Annual Report 1974*, p. 77;「同有価証券報告書」138頁[30])。

こうした第2の方式での調和化がバイエル社などで可能であった理由として,公式の文書では,ここで適用されたIASの諸基準は1993年改訂前のものであり,EU諸国の実務をも勘案して広範な選択権を許容しているので,ドイツ法の選択権をIASに適合するように行使することができた旨のことが述べられている(「資本調達促進法案理由書」9頁参照)。しかし,「比較可能性プロジ

ェクト」(Comparability Project) の成果として，IASは1993年11月に選択権を圧縮するために大幅に改訂され，1995年1月からこの改訂基準が適用されることになったために，こうした方式をとることはもはや困難になった（前記「理由書」9頁参照[31]）。

さて，ベンツ社が特に第1の方式を採用してUS-GAAPに準拠した理由は，直接にはNYSEへの上場という目的を達成するためであったが，それだけでなく，さらにより透明で操作の余地の少ない会計基準により自社の会計制度を改善して，利益重視の方向に経営を転換するためであった。注目すべきことに，同社は，このような目的に対応して，特に個別財務諸表にもかかわる会計方針の変更を含む会計政策を実行したのである。確かに，問題の「調整表」からは，同社の採用する会計方針にはドイツ会計基準に内在する保守主義的な体質が色濃く反映されており，NYSEへの上場にあたってもこれを極力保持するという方向の会計政策が採られたようにみえるが，実際には，それに備えて特に87年から数次にわたりUS-GAAPに沿う形で会計処理方法の変更，それも連結レベルにとどまらず，個別財務諸表にも及ぶ変更が行われたのである。まさにこの点は，バイエル社などの対応にはみられない点で，ベンツ社の調和化方式の際だった特徴をなすものであり，ドイツ会計のパラダイム変換の可能性をも示唆するものである。ただし，こうした会計処理方法の変更後にも，保守主義的な会計基準は残存し，US-GAAPとの間にはまだ相当の相違がみられたのである。

さらに，ベンツ社は，先にも一言したように，1996年にUS-GAAPに全面的に準拠した財務諸表（連結財務諸表）を公表したのである。すなわち，同社は，1996年度の上半期につき初めてUS-GAAPに従った中間報告書を提示したが，それについで，1996年年次報告書等をもって，ドイツ企業として初めてUS-GAAPに準拠した財務諸表のみを公表したのである。同社によると，この調和化プロセスの目的は，「当社の財務報告および内部報告の透明性と効率性を高め，同時に，従業員，顧客および社会全体の利害を損なうことなく，投資家の利益を重視した会社経営のための方法論的基礎を改善することである」と述べられ，経営管理目的に役立てるという点が明確にされているのである (*Annual Report 1996*, p.44)。

ドイツでは，上述のような国際企業の会計調和化の動向に対応して，それを制度面から支援するための措置である「資本調達促進法（案）」（Kapitalaufnahmeerleichterngsgesetz）がすでに1996年11月に連邦議会で可決されている。[32] これによると，国際資本市場から資本調達するドイツ親企業は，特にその連結財務諸表がEC第4号指令と一致して，外国の資本市場で定められた会計方法に従って作成され，かつドイツ法に従って連結財務諸表と同等の開示能力を有するなどの条件を満たしているときには，ドイツ法に定める連結財務諸表の作成を免除されることになるのである（改商292a条）。この措置によって，上述のようなベンツ社やIASに準拠したドイツ銀行などのケースは，制度的にも容認されることになるのである。

　なお，こうしたドイツにおける制度的対応は，EUにおける動向を視野に入れつつ，それを先取りしたものであるが，EUのように特に国際標準としてIASだけでなくUS-GAAPも承認しており，またEUのように準拠すべき会計基準自体の修正は勘案されていないという点では異なることに留意すべきである。[33]

注

1) 拙稿「ドイツにおけるディスクロージャー制度の動向」『企業会計』50巻1号（1998年1月），120頁以下。
2) これについては，拙稿「国際会計基準への対応―ドイツ会計の視点から―」『国際会計研究学会年報』1995年度，23頁以下参照。
3) Working Group on External Financial Reporting of the Schmalenbach-Gesellschaft für Betriebswirtschaft, "German Accounting Principles : An Institutionalized Framework", *Accounting Horizons*, vol.9, No.3, September 1995, pp. 93-96.
4) これについては，拙稿「ドイツ税法における『逆基準性の原則』の意義と問題点」『税務会計研究』6号（1995年）26頁以下参照。
5) この点については次の文献参照。Küting, K. ; US-Amerikanische und deutsche Bilanzierung im Vergleichunter besonderer Berücksichtigung der Konzernrechnungslegung und des Daimler-Benz-Listing in New York, BFuP, 4/1993, S. 374-376. Kleekämper, H. ; Rechnungslegung aus Sicht des IASC, in : Die deutsche Rechnungslegung vor dem Hintergrund internationaler Entwicklungen, hersg. von Jörg Baetge, 1994, S. 48-53.
6) 例えば，次の文献参照。Niehus, R. J. : Die vierte gesellschaftsrechtliche Richtlinie-

harmonisierung des Jahresabschlusses vor internationalen Hintergrund, Wpg, 1978, S. 468.
7) 拙稿「西ドイツ新商法会計制度をめぐって (5) ― 1985 年『会計法』を中心として―」『會計』132 巻 2 号 (1987 年), 93 〜 94 頁。
8) Göllert, Kurt und Ringling, Wilfried ; Bilanzrichtlinie-Gesetz : Einführung, Texte, Materialien, 2. Aufl., 1986, S. 27.
9) 例えば，次の文献参照。Eckes, Burkhard : Bewertungssteigkeit-Muß-oder Sollvorschrift？ Geänderte Konzeption im nuen Entwurf eines Bilanzrichtlinie-gesetzes, BB, 1985, S. 1443-1444. なお，拙稿「西ドイツ新商法会計制度をめぐって (4) ……」『會計』132巻 1号 (1987年), 108頁も参照。
10) 拙稿「西ドイツ新商法会計制度をめぐって(11)……」『會計』133 巻 4 号 (1988 年), 116 〜 117 頁参照。
11) これについては次の文献参照。Baukmann, Dirk und Mandler, Udo ; Intemational Accounting Standards : IAS und HGB im Konzernabschluß, 1997, S. 107-109 und S. 152.
12) 例えば，次の文献参照。Rost, Peter ; Der internationale Harmonisierungsprozeß der Rechnungslegung, 1991.
13) 例えば，次の文献参照。Van Hulle, Karel, "L'harmonisation comptable européenne : une nouvelle stratégie au regard de l'harmonisation internationale", *Revue Française de Comptabilité*, No.275, février 1996, p. 36.
14) Förschle, G., Glaum, M. und Mandler, U. ; US-GAAP, IAS und HGB : Ergebnisse einer Umfrage unter deutschen Rechnungslegungsexperten, BFuP, 4/1995, S. 392 ff. この内容の一部は次の文献でもすでに紹介されている。吉田波也人「ドイツにおける国際会計基準 (IAS) の導入状況」『JICPA ジャーナル』No.496 (1996 年 11 月) 14 頁以下。崎幸浩「会計の国際化に対するドイツの対応」森川八洲男編著『会計基準の国際的調和化』第 11 章第 3 節，白桃書房，1998 年 3 月。
15) これについては，次の文献参照。倉田幸路「ドイツ会計基準の国際的調和化と国際企業の動向」『企業会計』48 巻 3 号 (1996 年), 69 頁以下。前記の（注1）に示した拙稿 123 頁以下。
16) Niehus, Rudolf J. ; Zur "Intemationalisierung" der Konzernabschlüsse 1994 der Bayer AG und der Schering AG. DB, 1995, S. 937.
17) 前記の（注2）に示した拙稿 29 頁参照。
18) 「ベンツの変身」『日経ビジネス』1996 年 11 月 11 日号, 35 頁。
19) 例えば，次の文献参照。Busse von Colbe, Walther ; Zur Anpassung der Rechnungslegung von Kapital gesellschaften an internationale Normen, BFuP, 4/1995, S. 377.
20) Kirsch, Hans-Jttrgen ; Die "Anwendung" von lnternational Accounting Standards in Konzernabschlüssen deutscher Mutterunternehmen, DB, 1995, S. 1773.
21) 拙稿「EC 会社法指令と EU における会計基準の調和化」森川八洲男編著『会計基準

の国際的調和化』第5章，白桃書房，1998年3月。
22) Busse von Colbe, W. ; a.a.O., S. 376.
23) Busse von Colbe, W. ; a.a.O., S. 375.
24) 森美智代「ドイツにおける国際会計基準への対応」『企業会計』49巻4号（1997年），82頁。
25) Küting, K. ; a.a.O., S. 370.
26) Küting, K. ; a.a.O., S. 370.
27) Küting, K. ; a.a.O., S. 370.
28) Küting, K. ; a.a.O., S. 370-372.
29) Küting, K. ; a.a.O., S. 370-372.
30) これらについては，（注1）に示した拙稿124〜125頁を参照。
31) これらについては，（注1）に示した拙稿124〜125頁を参照。
32) Entwurf eines Gesetzes zur Verbesserung der Wettbewerbsfahigkeit deutscher Konzern an internationalen Kapitalmarkten und zur Erleichterung der Aufnahme von Gesllschafterdarlehen（Kapialtaufnahmeerleichterungsgesetz-KapAEG）vom 27. November 1996, BMS 3501/17. これについては，黒田全紀他「フランス・ドイツにおける連結財務諸表規則の変革動向」『商事法務』No.1455（1997年），12頁以下を参照。
33) （注1）に示した拙稿127頁を参照。

参考文献

本文中に示した個別の会計基準については記載していない。

あずさ監査法人IFRS本部編(2009)『IFRSのしくみ』中央経済社。
安藤英義編著(1996)『会計フレームワークと会計基準』中央経済社。
伊藤邦雄(2008)『ゼミナール現代会計入門(第7版)』日本経済新聞出版社。
稲垣冨士男(1996)『国際会計基準――日米英会計基準との比較解説〔三訂版〕―』同文舘出版。
企業会計基準委員会(2006)『討議資料「財務会計の概念フレームワーク」』。
企業会計基準委員会・国際会計基準審議会(2007)「会計基準のコンバージェンスの加速化に向けた取組みへの合意」。
企業会計審議会(2009)「我が国における国際会計基準の取扱いに関する意見書(中間報告)」。
企業会計審議会(2009)「我が国における国際会計基準の取扱いに関する意見書(中間報告)」。
企業会計審議会(2013)「国際会計基準(IFRS)への対応のあり方に関する当面の方針」。
企業会計審議会(2013)「国際会計基準(IFRS)への対応のあり方に関する当面の方針」。
菊谷正人(2002)『国際的会計概念フレームワークの構築』同文舘出版。
斎藤静樹編(2007)『詳解討議資料財務会計の概念フレームワーク(第2版)』中央経済社。
嶌村剛雄編著(1991)『国際会計論〔第2版〕』白桃書房。
杉本徳栄(2003)「会計基準の収斂とFASBのミッション」『産業経理』63巻3号。
杉本徳栄(2006)『国際会計』同文舘出版。
染谷恭次郎(1984)『国際会計〔増補版〕――新しい企業会計の領域―』中央経済社。
中島省吾責任編集(1981)『体系近代会計学 第10巻 国際会計基準』中央経済社。
中村宣一朗・高尾裕二・伊豫田隆俊・田村威文編著(1999)『イントロダクション財務会計〔改訂版〕』同文舘出版。
野村健太郎編著(1999)『連結会計基準の国際的調和』白桃書房。
橋本尚(2007)『2009年国際会計基準の衝撃』日本経済新聞出版社。
平松一夫・徳賀芳弘編著(2005)『会計基準の国際的統一 ――国際会計基準への各国の対応―』中央経済社。
平松一夫・辻山栄子責任編集(2014)『体系現代会計学 第4巻 会計基準のコンバージェンス』中央経済社。
藤井秀樹編著(2014)『国際財務報告の基礎概念』中央経済社。
藤田晶子(1997)「フランス版会計概念フレームワークの教訓」『商事法務』No.1465。
向伊知郎(2003)『連結財務諸表の比較可能性』中央経済社。
森川八洲男編著(1998)『会計基準の国際的調和化』白桃書房。
森川八洲男(2003)「ドイツ版概念フレームワークの構想」『企業会計』55巻10号。
弥永真生(2013)『会計基準と法』中央経済社。
山浦久司(1993)『英国株式会社会計制度論』白桃書房。
ASB (1999) *Statement of Principles for Financial Reporting*.

Autorité des normes comptables (2014) Règlement N° 2014-03 du 5 juin 2014 relatif au plan comptable général.

Benston G. J., Bromwich M., Litan R. E. and Wagenhofer A. (2006) *Worldwide Financial Reporting ── The Development and Future of Accounting Standards*, Oxford University Press. (川村義明・石井明監訳 (2009)『グローバル財務報告―その真実と未来への警鐘―』中央経済社)

Butterworths (1993) *Butterworths Company Law Handbook, 9th edition.*

Camfferman K. and Zeff S. A. (2007) *Financial Reporting and Global Capital Markets : A History of the International Accounting Standards Committee, 1973-2000*, Oxford University Press.

Comité permanent de la doctorine comptable de l'Odre des experts comptables (1996) Cadre conceptuel de la comptabilité en tant que système de représentation publique de la situation économique (et financière) de l'entreprise, *Revue française de comptabilité*, No.278, pp.17-51.

Commission of the European Communities (1995) Communication from the Commission, Accounting Harmonization: A new strategy vis-à-vis international harmonization, COM95 (508).

Commission of the European Communities (2000) Communication from the Commission to the Council and the European Parliament, EU Financial Reporting Strategy: the way forward, COM (2000) 359 final.

Council of the European Communities (1978) Fourth Council Directive of 25 July 1978 based on Article 54 (3) (g) of the Treaty on the annual accounts of certain types of companies (78/660/EEC).

Council of the European Communities (1983) Seventh Council Directive of 13 June 1983 based on the Article 54 (3) (g) of the Treaty on consolidated accounts (83/349/EEC).

Doupnik T. and Perera H. (2011) *International Accounting 3rd edition*, McGraw-Hill.

DSR (2002) *Grundsätze ordnungsmäßiger Rechnungslegung.*

European Parliament and Council of the European Union (2001) Directive 2001/65/EC of the European Parliament and of the Council of 27 September 2001 amending Directives 78/660/EEC, 83/349/EEC and 86/635/EEC as regards the valuation rules for the annual and consolidated accounts of certain types of companies as well as of banks and other financial institutions.

European Parliament and Council of the European Union (2002) Regulation (EC) No 1606/2002 of the European Parliament and of the Council of 19 July 2002 on the application of international accounting standards.

European Parliament and Council of the European Union (2003) Directive 2003/51/EC of the European Parliament and of the Council of 18 June 2003 amending

Directives 78/660/EEC, 83/349/EEC, 86/635/EEC and 91/674/EEC on the annual and consolidated accounts of certain types of companies, banks and other financial institutions and insurance undertakings.

European Parliament and Council of the European Union (2013) Directive 2013/34/EU of the European Parliament and of the Council of 26 June 2013 on the annual financial statements, consolidated financial statements and related reports of certain types of undertakings, amending Directive 2006/43/EC of the European Parliament and of the Council and repealing Council Directives 78/660/EEC and 83/349/EEC.

FASB (1976) *Scope and Implications of the Conceptual Framework Project*. (森川八洲男監訳 (1988)『現代アメリカ会計の基礎概念』白桃書房)

FASB (1978) Statement of Financial Accounting Concepts : SFAC (Concepts Statement) No. 1, *Objectives of Financial Reporting by Business Enterprises*.

FASB (1980) Statement of Financial Accounting Concepts : SFAC (Concepts Statement) No. 2, *Qualitative Characteristics of Accounting Information*.

FASB (1980) Statement of Financial Accounting Concepts : SFAC (Concepts Statement) No. 3, *Elements of Financial Statements of Busines Enterprises*.

FASB (1980) Statement of Financial Accounting Concepts : SFAC (Concepts Statement) No. 4, *Objectives of Financial Reporting by Nonbusiness Organizations*.

FASB (1984) Statement of Financial Accounting Concepts : SFAC (Concepts Statement) No. 5, *Recognition and Measurement in Financial Statements of Business Enterprises*.

FASB (1985) Statement of Financial Accounting Concepts : SFAC (Concepts Statement) No. 6, *Elements of Financial Statements–a replacement of FASB Concepts Statement No. 3 (incorporating an amendment of FASB Concepts Statement No. 2)*.

FASB (2000) Statement of Financial Accounting Concepts : SFAC (Concepts Statement) No. 7, *Using Cash Flow Information and Present Value in Accounting Measurements*.

FASB (2010) Statement of Financial Accounting Concepts : SFAC (Concepts Statement) No. 8, Conceptual Framework for Financial Reporting–Chapter 1, *The Objective of General Purpose Financial Reporting*, and Chapter 3, *Qualitative Characteristics of Useful Financial Information* (a replacement of FASB Concepts Statements No. 1 and No. 2).

FASB and IASB (2002) Memorandum of Understanding, "The Norwalk Agreement".

FASB and IASB (2006) A Roadmap for Convergence between IFRSs and US GAAP — 2006-2008, Memorandum of Understanding between the FASB and the IASB.

IASB (2010) *Conceptual Framework for Financial Reporting*.

IASB (2013) Preface to International Financial Reporting Standard.

IASC (1983) International Accounting Standards Committee-Objects and Procedures.

IASC (1983) Preface to statements of international accounting standards.

IASC (1989) Exposure Draft 32, Comparability of Financial Statements, Proposed amendments to International Accounting Standards 2, 5, 8, 9, 11, 16, 17, 18, 19, 21, 22, 23 and 25.

IASC (1989) *Framework for the Preparation and Presentation of Financial Statements*.

IASC (1990) Statement of Intent : Comparability of Financial Statements.

IFRS Foundation (2012) IFRS Foundation Constitution.

Lopater, C., Marie-Amélie D. et Anne-Lyse B. (2013) *Mémento Comptable 2014*, Editions Francis Lefebvre.

Most, K.S. (1993) *The Future of the Accounting Profession : A Global Perspective*, Praeger Pub.

Nobes, C. (1991) Harmonization of Financial Reporting, in "Nobes, C. and Parker R. (eds), *Comparative International Accounting, 3rd edition*.

Rontchevsky, N. et Chevrier E. (2010) *Code de commerce 2011 106ᵉ édition*, Dalloz.

SEC (2000) Concept Release: International Accounting Standards, No.33-7801.

SEC (2008) Roadmap for the Potential Use of Financial Statements Prepared in Accordance with International Financial Reporting Standards by U.S. Issuers, No.33-8982.

Van Hulle, K. (1993) "Harmonization of Accounting Standards in the EC : Is it the Beginning or is it the End?", *European Accounting Review No.2*.

索　引

■アルファベット

ANC ……………………………………… 44, 48
ASAF …………………………………………… 65
ASB ……………………………………… 24, 29
ASC ……………………………………… 24, 29
CESR …………………………………… 93, 98
CNC ……………………………………… 44, 47
CRC ……………………………………… 44, 47
DRSC ………………………………………… 43
EC 会社法指令 ………………… 25, 57, 86
EC 会社法第 4 号指令 ……………… 46
EC 第 7 号指令 ……………………………… 27
EC 第 4 号指令 ……………………… 41, 86
EU ………………………………………… 57, 86
FASB …………………………………… 35, 82
FRC ……………………………………… 24, 30
FRS ……………………………………… 24, 30
GAAP …………………………………… 34, 37
GoB ……………………………………………… 38
IAS ……………………………………………… 59
IAS 規則 ……………………… 28, 43, 47, 92
IASB …………………………………………… 64
IASC …………………………………………… 61
ICAEW ……………………………………… 24
IFAC …………………………………………… 58
IFRIC ………………………………………… 64
IFRS …………………………………………… 63
IFRS 財団 …………………………………… 63
IOSCO …………………………… 56, 75, 78
OECD ………………………………………… 56
PCG …………………………………………… 46
SEC …………………………………………… 32
SFAC ………………………………………… 36
SFAS ………………………………………… 35
SSAP …………………………………… 24, 29
UN ……………………………………………… 55

■かな

・あ行

アドプション ……………………………… 82
意思決定との関連性 ………………… 104
意思決定有用性 ………………………… 133
一般に認められた会計原則 ………… 34
イングランド・ウェールズ勅許会計士協会
……………………………………………………… 24
英米型会計 …………………………………… 8
欧州証券規制当局委員会 ……… 93, 98
欧州連合 …………………………………… 57

・か行

会計改革法 ………………………………… 42
会計基準アドバイザリー・フォーラム …… 65
会計基準委員会 ………………………… 24
会計基準機構 ……………………… 44, 48
会計基準審議会 ………………………… 24
会計規制委員会 ………………………… 44
会社法会計 ………………………………… 16
概念フレームワーク ………… 96, 102
鍵となる 3 要素 ………………………… 80
確定決算主義 ……………………………… 8
稼得利益 …………………………………… 123
株主資本 …………………………………… 105
加盟国立法選択権 ……………………… 88
間接金融 ……………………………………… 7

189

完全性	133
企業会計基準委員会	13
企業会計審議会	12
企業選択権	88
企業領域統制・透明化法	43
基準会計実務書	24
期待キャッシュ・フロー・アプローチ	128
逆基準性	8, 23
金融商品取引法会計	19
経済協力開発機構	56
継続性の原則	139
現在価値	127
検証可能性	121, 144
原則主義	70
コア・スタンダード	56, 78
公正価値	127, 136
公平性	144
国際会計基準	59
国際会計基準委員会	60
国際会計基準審議会	63
国際会計士連盟	58
国際財務報告解釈指針委員会	63
国際的開示基準	80
国際連合	55
国家会計審議会	44
コモンロー・システム	6
混合測定属性	126, 136, 151
コンバージェンス	82

・さ行

細則主義	70
財務会計概念報告書	35
財務会計基準書	35
財務会計基準審議会	35
財務諸表の比較可能性改善プロジェクト	75
財務報告基準	24
財務報告評議会	24
自己資本	135

資産	105, 113, 122, 134, 139, 144, 150
資産負債アプローチ	96, 123, 135
実現可能	126, 134
実現原則	134
資本調達容易化法	42
収益	106, 124, 135, 144, 150
収益費用アプローチ	96
収斂	82
純資産	105, 144
純利益	106
証券監督者国際機構	56
証券取引委員会	32
所有者持分	113
真実かつ公正な概観の原則	25, 28, 41, 46, 57, 139
慎重性	144
慎重性の原則	139
信頼性	104, 112, 133, 144
正規性の原則	139
正規の手続	36, 69
正規の簿記の諸原則	38
成文法システム	6
税務会計	22
税務申告主義	8
測定	3
損失	114, 124

・た行

大陸型会計	8
多国籍企業	2
忠実性	144
忠実な表現	120
中立性	144
調和化	53
直接金融	7
適合性	141
適時性	121, 133
伝統的アプローチ	128

ドイツ会計基準委員会	43
統一化	53
東京合意	98
同等性評価	93

・な行

内的整合性	104
認識	2
ノーウォーク合意	84

・は行

配当規制	19
ピースミール・アプローチ	71, 95
比較可能性	104, 112, 121, 133
費用	106, 124, 135, 144, 151
標準化	53
標準処理	76
負債	105, 113, 122, 135, 139, 144, 150
プラン・コンタブル・ジェネラル	46
プリンシプル・ベース	70
包括利益	106, 123

・ま行

認められる代替処理	76
明瞭性	133, 141
目的適合性	111, 120
持分	123, 150
モニタリングボード	64

・ら行

理解可能性	112, 121
利得	114, 124
ルール・ベース	70
レギュレーション S–X	33

■ 著者紹介

森川 八洲男（もりかわ やすお）

明治大学名誉教授。商学博士
公認会計士第2次試験委員，同第3次試験委員，税理士試験委員，日本簿記学会会長等を歴任。
主要著書；フランス会計発達史論（白桃書房），精説簿記論（Ⅰ）（Ⅱ）（白桃書房），財務会計論（税務経理協会），制度会計の理論（森山書店），体系財務諸表論（中央経済社），商法会計研究（白桃書房），他多数。

■ 国際会計論

■ 発行日──2015年3月26日　初版発行　　　　　　〈検印省略〉
　　　　　2021年5月26日　初版第4刷発行

■ 著　者──森川 八洲男

■ 発行者──大矢栄一郎

■ 発行所──株式会社 白桃書房
　　　〒101-0021　東京都千代田区外神田5-1-15
　　　☎ 03-3836-4781　📠 03-3836-9510　振替00100-4-20192
　　　　　http://www.hakutou.co.jp/

■ 印刷・製本──株式会社 デジタルパブリッシングサービス
　©Yasuo Morikawa 2015 Printed in Japan　ISBN 978-4-561-35208-2 C3034

本書のコピー，スキャン，デジタル化等の無断複製は著作権法上での例外を除き禁じられています。本書を代行業者等の第三者に依頼してスキャンやデジタル化することは，たとえ個人や家庭内の利用であっても著作権法上認められておりません。

[JCOPY]〈出版者著作権管理機構 委託出版物〉
本書の無断複写は著作権法上の例外を除き禁じられています。複写される場合は，そのつど事前に，出版者著作権管理機構（電話03-5244-5088，FAX03-5244-5089，e-mail：info@jcopy.or.jp）の許諾を得てください。
落丁本・乱丁本はおとりかえいたします。